JÉSUS ET BOUDDHA

Odon Vallet

JÉSUS ET BOUDDHA

Destins croisés du christianisme et du bouddhisme

Albin Michel

Albin Michel
▪ *Spiritualités* ▪

Collections dirigées
par Jean Mouttapa et Marc de Smedt

22, rue Huyghens, 75014 Paris

ISBN : 2-226-08789-3

Avant-propos

Jésus et Bouddha : un beau parallèle et une fausse symétrie.

Un beau parallèle, car ces deux noms propres évoquent deux des plus grandes figures de l'humanité au message bimillénaire. On peut aussi rapprocher Jésus et Socrate ou Bouddha et Confucius, mais ces comparaisons semblent moins riches, car elles s'appliquent à des hommes de civilisations géographiquement proches. Au contraire, Jésus et Bouddha sont des maîtres nés de part et d'autre de l'Indus, cette frontière un peu mythique qui sépare le Proche-Orient, berceau des religions dites monothéistes, de l'Extrême-Orient, foyer de la méditation et du rayonnement intérieur. Pour un Occidental, Bénarès, où prêcha *le* Bouddha, et Katmandou, où, on le vénère, sont un peu les villes symboles de ce lointain Orient, mystérieux et compliqué.

Et voici déjà une fausse symétrie : le Bouddha est un titre, comme le Christ. On doit donc comparer soit le Christ et le Bouddha (ou, selon la formulation protestante, Christ et Bouddha), soit Jésus et Siddhârtha, prénom du grand maître. Si l'on veut y adjoindre les noms de famille, cela donne Jésus Ben Joseph et Siddhârtha Gautama. Chacun de ces termes a son importance. Jésus signifie, en hébreu, « Dieu sauve », et l'on a justement rangé le christianisme dans la catégorie des religions de salut dont le fondateur est un sauveur. Siddhârtha veut dire, en sanskrit, « Celui qui atteint le but », et, pour un bouddhiste, le Bouddha est le premier homme ayant atteint l'objectif suprême, celui du *nirvâna*, cette « extinction » qui permet d'échapper au cycle des renaissances.

En parlant du Christ (l'« Oint » en grec, correspondant au « Messie » en hébreu), on évoque un souverain, le roi des Juifs crucifié et le chef du Royaume qui n'est pas de ce monde : c'est faire de Jésus le rival spirituel de César, celui qui défie le pouvoir et s'y dérobe. Le Bouddha (l'« Éveillé » ou l'« Illuminé » en sanskrit) se situe sur un autre plan : non pas le règne sur les hommes, mais l'emprise sur soi-même. Or, en Occident, un illuminé est un esprit un peu dérangé, tandis que la notion d'éveillé s'applique à un enfant vif et curieux plus qu'à un grand maître de la sérénité.

Il reste à justifier les expressions de christianisme et de bouddhisme. Le nom de chrétien est mentionné pour la première fois à Antioche, en Syrie, pour désigner le petit groupe des disciples du Christ, et il apparaît, à cette occasion, dans les Actes des Apôtres[1]. Au début du IIIe siècle, Clément d'Alexandrie parle de christianisme dans une ville et à une époque imprégnées de philosophie grecque. Peut-être devrait-on aujourd'hui mettre ce mot au pluriel tant sont différents les fidèles de Mgr Gaillot et ceux de Mgr Lefebvre. Et il n'est guère plus facile d'enrôler sous la même bannière des catholiques sud-américains adorant le vaudou, des théologiens allemands démythologisant l'Évangile et des orthodoxes russes vénérant les icônes. Mais on leur accordera sinon une foi identique, du moins une même communion en Jésus, le Christ. Bien des non-croyants, réservés à l'égard de la civilisation chrétienne, reconnaîtront aussi ce que doit leur culture au christianisme, patrimoine commun des baptisés et référence obligée de l'Occident.

La notion de bouddhisme est plus difficile à expliquer. D'abord parce que le mot, forgé par les orientalistes européens, ne date que de la fin du XVIIIe siècle et qu'il s'appliquait alors au seul bouddhisme de l'Inde : la Chine était perçue comme essentiellement confucéenne et, faute de traductions, on ignorait à peu près tout de la diversité des Écritures bouddhiques. Les philosophes européens ont même eu du mal à distinguer le bouddhisme des autres spiritualités indiennes en ce siècle des Lumières où l'on commençait juste à déchiffrer le sanskrit. Dans son *Essai sur les mœurs* (chapitre 143), Voltaire affirmait : « Vous ne perdrez point un temps précieux à rechercher toutes les sectes qui partagent l'Inde. Les erreurs se subdivisent en trop de matières. »

Et il fallut ensuite consacrer bien du temps précieux à distinguer les différentes branches du bouddhisme dont les noms évoquaient des diligences à plusieurs classes : Petit Véhicule, Grand Véhicule, Véhicule de Diamant. Aujourd'hui, on en serait plutôt à parler des bouddhismes, tant nous mesurons leur diversité. Il y a un christianisme parce que le Christ est unique, mais peut-il y avoir un bouddhisme alors que le nombre de bouddhas est infini[2] ?

Ce dernier point est essentiel. Il y a un seul Christ, fils de Dieu, venu sauver le monde une fois pour toutes. Jésus de Nazareth correspond donc au Bouddha historique, né voici deux mille cinq cents ans au Népal et qui est un être purement humain. Mais celui-ci aurait eu de multiples existences antérieures (547 ou 550 selon les traditions) sous une forme humaine ou animale, voire divine. Enfin, outre le Bouddha historique et ses existences antérieures, il y a d'autres bouddhas, correspondant à des ères antérieures du monde et à une ère future. Leur nombre et leur rôle varient selon les traditions de six à vingt-neuf, mais ils viennent toujours proclamer la même doctrine.

On mesure ici la différence par rapport au christianisme : Jésus possède une généalogie et Bouddha des vies passées. Le premier est nommé, par les évangiles de Luc et de Matthieu, comme fils de Joseph, descendant de Salomon, David, Isaac et Abraham. Le second est décrit par les récits des Jâtaka (littéralement, les « Nativités ») sous les traits successifs d'un crabe, d'un buffle, d'un éléphant, d'une femme, d'un serviteur ou d'un propriétaire. Jésus symbolise la continuité d'une famille et la mémoire d'un peuple, Bouddha la diversité de la nature et les conflits de la société. Jésus se situe par rapport à l'histoire, individuelle et collective, et Bouddha par rapport à la géographie humaine et physique. Cette opposition est d'autant plus forte que la propagation du christianisme s'est opérée dans un milieu hellénistique qui, depuis Hérodote, était féru d'histoire, une discipline inconnue dans l'Inde antique.

On notera toutefois une même perplexité des religieux par rapport à la valeur théologique de ces récits. Seule une petite partie des Jâtaka a un statut de texte canonique, tandis que les exégètes discutent beaucoup de la portée historique des évangiles de l'enfance et de leurs récits merveilleux, telles les visites de l'ange à Marie ou des rois mages à la crèche. Dans les deux cas, la piété populaire joue un rôle essentiel, et les artistes ont représenté la Nativité de Jésus sur les vitraux des églises comme les Nativités du Bouddha sur les bas-reliefs des temples ou... sous les pieds des statues du Sage couché.

Ces iconographies se veulent édifiantes. Mais, là encore,

il y a une différence : si chaque chrétien doit s'efforcer d'imiter le Christ sans jamais parvenir à l'égaler, les bouddhistes peuvent espérer devenir un jour des bouddhas et atteindre le nirvâna. Cet espoir est plus ou moins ouvert ou restreint selon les écoles théologiques et les traditions nationales : en Birmanie, pays du Petit Véhicule, durant ces cinquante dernières années, un seul moine aurait ainsi accompli le parcours d'illumination du Bouddha historique. Mais, dans le Grand Véhicule, les chances de parvenir à cet état s'accroissent notablement, et le nombre de bouddhas en puissance aussi. La notion de bouddha est donc éminemment variable. Alors que, dans le christianisme, toute personne qui se prendrait pour l'égal du Christ serait un antéchrist, c'est-à-dire un envoyé du diable, dans le bouddhisme, toute personne qui devient un bouddha est un modèle, même si, à la limite, elle n'est pas bouddhiste. Il n'est donc pas absolument nécessaire de se « convertir » au bouddhisme, alors que nul n'est chrétien tant qu'il n'a pas reçu le baptême.

Il reste une dernière dissymétrie entre les deux religions : il y a, dans le monde, quatre chrétiens pour un bouddhiste, les premiers étant au nombre d'un milliard et demi et les seconds atteignant tout juste trois cent cinquante millions. On a peine à le croire en Occident, mais le bouddhisme, souvent maltraité par le communisme durant ces dernières décennies, est une religion plutôt sur le déclin à l'échelle planétaire et presque entièrement cantonnée dans l'Asie de l'Est. Par rapport au christianisme qui est, numériquement, la première religion mondiale, le bouddhisme ne peut être optimiste quant au nombre de ses croyants.

Ces difficultés n'empêchent pas une étude comparative, mais elles invitent à beaucoup de rigueur dans la méthode. On entreprendra donc cette recherche dans la disposition d'esprit de saint Thomas, ce disciple de Jésus qui ne croit pas sans avoir vu et veut mettre la main sur les plaies du Ressuscité. Thomas, dit le Didyme, c'est-à-dire le jumeau, est justement réputé, par une tradition aussi vieille qu'obscure, avoir été l'évangélisateur de l'Inde. Pour comparer le message de Jésus et celui du Bouddha, il faut se faire un peu le jumeau de saint Thomas.

1.

Les sources

Que peut-on savoir de ces deux maîtres, le *rabbi* Jésus et le *gourou* Bouddha ?

Et, d'abord, peut-on les situer dans l'histoire ? Certains auteurs, formés au rationalisme et au scientisme, ont prétendu qu'ils n'avaient pas existé. Au siècle dernier, un indianiste, Émile Sénart, voyait dans le Bouddha un mythe solaire[1], faisant ainsi allusion à la Roue de la Loi qui fait songer au disque du soleil. De même, un philosophe, Volney, avait soutenu que l'existence du Christ reproduisait la course du soleil le long des signes du zodiaque[2]. Le Christ et le Bouddha relèveraient d'un récit fabuleux et d'une religion primitive qui incarnent l'astre suprême dans un homme merveilleux.

Aujourd'hui, la critique ne retient plus ces thèses. Le raisonnement par l'absurde montre que l'inexistence physique de Jésus et du Bouddha exigerait un nombre extraordinaire de coïncidences qui, précisément, ressortiraient du miracle[3]. Aucun texte ni aucune fouille ne prouvent le détail de ces vies ; mais, ils attestent le passage des deux hommes sur cette terre. C'est là une différence notable avec le « fondateur » du taoïsme, Lao-tseu, dont l'existence, réputée contemporaine de celle du Bouddha, est plus problématique.

On peut essayer de situer Jésus en son temps[4]. Les évangiles de Luc et de Matthieu nous y invitent : ils placent la naissance du Christ au temps du roi Hérode (investi par le Sénat romain), sous le règne de l'empereur Auguste et durant le mandat du gouverneur Quirinus. Le « roi des Juifs » est encadré de monarques et de notables, ces privilégiés de la grande histoire qui donnent à l'action de leurs contemporains la marque de leur sceau. Jésus est daté et situé.

Certes, les historiens profanes de l'époque, comme Flavius Josèphe, Tacite ou Suétone[5], ne parlent qu'allusivement de la secte des chrétiens, alors fort peu nombreuse. Mais le simple fait de citer le nom du Christ ou d'évoquer les premières persécutions de ses disciples suffit à insérer Jésus dans un contexte historique, à lui attribuer une place dans la chronologie de l'Antiquité : le Christ est né sous Auguste et a prêché sous Tibère.

Peut-on situer Bouddha en son temps[6] ? Il faut d'abord renoncer à toute précision : les dates proposées pour la naissance du Bouddha vont de 624 à 480 av. J.-C. Ce flou s'explique largement par l'indifférence de la pensée indienne pour la notion de temps historique, celle-ci étant liée à la présence d'États stables et forts : c'est généralement par rapport aux règnes et aux guerres des monarques antiques qu'on parvient à situer les événements. L'Antiquité chinoise, belliqueuse et impériale, est ainsi riche de dates. L'Antiquité indienne, fragmentée en petits royaumes, républiques et principautés diverses, en est pauvre, du moins jusqu'à ce que, un ou deux siècles après la mort du Bouddha, n'apparaisse la dynastie des Maurya, qui fédère la plus grande partie du sous-continent indien et enfante un monarque exceptionnel, l'empereur Ashoka. Justement, c'est par rapport au sacre de ce souverain qu'on essaye de situer la naissance et l'extinction totale *(parinirvâna)* de l'Éveillé.

Une marge d'erreur d'un siècle et demi est considérable dans le domaine politique. En avançant de trois quarts de siècle la vie de Jésus, celui-ci serait né dans une Palestine sans Romains, puisque la conquête de Pompée date de 63 av. J.-C. Et, avec un retard de cinquante ans, Jésus aurait évolué dans une Jérusalem en ruine, privée de son Temple, détruit en 70 ap. J.-C. Une bonne partie de sa prédication deviendrait ainsi sans objet : rien à rendre à César, plus de Temple à démolir, pas de publicains (percepteurs romains) à fréquenter ni de centurion à consoler. La prédication de Jésus est inséparable des événements de son siècle.

Pour le Bouddha, les conséquences d'un changement de datation seraient plutôt d'ordre religieux. Une datation haute en ferait un contemporain de Zarathoustra et de Lao-tseu, ces grands réformateurs spirituels généralement situés au VIe siècle av. J.-C. Une datation basse détruirait ce parallélisme séduisant et renverrait plutôt aux mutations des religions spécifiquement indiennes. Dans les deux cas, les données politiques sont secondaires, et les événements profanes comptent moins que le contexte sacré.

Histoire et écriture

Peut-on déjà parler d'histoire à propos du Bouddha ? C'est douteux si l'on s'en tient à une définition stricte des temps historiques, qui commencent avec l'apparition de l'écriture. Celle-ci, non encore déchiffrée, était apparue, dans le sous-continent indien, avec la civilisation de l'Indus et semble avoir disparu avec elle, au moins mille ans avant la naissance du prince Gautama. Elle réapparaît au IVe siècle av. J.-C. et s'affirme, au IIIe siècle, sur les stèles de l'empereur Ashoka, souvent rédigées en grec ou en kharoshthî, un alphabet dérivé de l'écriture araméenne, celle de la Palestine du temps de Jésus.

L'existence d'une écriture n'est donc pas formellement attestée au temps du Bouddha, même si des textes canoniques nous présentent un jeune Siddhârta fort assidu à l'école où chacun des mots qu'il prononce se transforme en maxime édifiante. Comme l'enfant Jésus faisant la leçon aux docteurs de la Loi, l'enfant Bouddha paraît posséder toutes les connaissances et en tirer un grand pouvoir de séduction : « Celui à qui on suppose un savoir, disait Lacan, celui-là, on l'aime. » Et les écritures bouddhiques ne tarissent pas d'éloges sur l'immense savoir du Bouddha.

Mais notre connaissance de l'Antiquité indienne ferait plutôt du Bouddha un homme de la protohistoire, ce temps « immédiatement antérieur aux textes et vaguement éclairé par ceux-ci[7] ». Un temps où une prédication orale a le loisir de frapper l'imaginaire avant qu'on ne l'enferme dans des recueils. Et les scribes recueillent « ce qui doit être lu », c'est-à-dire, au sens étymologique, une légende.

Jésus doit plus à l'écrit. Il évolue dans ce Proche-Orient, « berceau » de l'écriture, où les tablettes ont été retrouvées par centaines de milliers, où les lettrés de tous grades s'activent dans les temples et les palais, où la découverte de l'alphabet facilite beaucoup la lecture et l'écriture. La diffusion du christianisme précède d'ailleurs de peu un progrès décisif dans la lecture : le remplacement des rouleaux par les codex, ces cahiers que l'on peut relier pour constituer des ouvrages. Le prédicateur ou le catéchumène pourra donc aisément s'abreuver à des sources écrites. L'évangile de Jean (21, 25) reconnaît que, si l'on voulait noter toutes les actions de Jésus, « le monde entier ne pourrait [...] contenir les livres qu'on écrirait ».

Dans ce contexte favorable au livre, les premiers fragments de la vie de Jésus ont, probablement, été mis par écrit deux ou trois décennies après sa mort, et le plus tardif des évangiles, celui de Jean, n'est sans doute pas postérieur de plus d'un siècle aux événements qu'il relate : on en possède encore un extrait daté de 130[8]. Les textes sont précoces et leurs copies d'époque : qu'ils relèvent du mythe ou de l'histoire, les évangiles fixent très tôt les traditions orales sur la vie de Jésus. Ils leur ajoutent ou leur imposent la marque du style, la griffe de l'écrivain, la personnalité du ou des auteurs et tiennent compte du milieu de vie des lecteurs.

La doctrine du Bouddha aura été tenue éloignée plus longtemps de l'écrit. Les plus vieux documents actuellement connus sur l'enseignement du prince Gautama sont postérieurs de trois à cinq siècles à sa vie et éloignés de 3 000 kilomètres de sa terre : ils auraient été rédigés dans l'île de Ceylan par les fidèles du Petit Véhicule *(Hînayâna)* ou en des lieux divers par les fidèles du Grand Véhicule *(Mahâyâna)*. Et les plus anciennes copies actuellement retrouvées sont encore plus récentes sans avoir pu toujours être datées.

L'enseignement bouddhique n'a que tardivement joint l'écrit à l'oral, mais il a bien vite rattrapé son retard. Car il s'est alors déployé en une somme de livres sacrés qu'un Occidental ne peut guère découvrir que par morceaux choisis, avec tous les inconvénients de la méthode : le canon bouddhique se lit alors par brefs extraits qui rendent mal compte de l'immensité de l'œuvre, un peu comme un Lagarde et Michard ne permet pas d'approfondir la pensée des auteurs français.

L'ensemble des textes saints du bouddhisme remplit plusieurs dizaines de volumes : 55 en pâli, la langue sacrée du Hînayâna, 55 en sanskrit, la langue sacrée du Mahâyâna, elle-même traduite en chinois et en japonais, et 322 en tibétain. C'est ainsi que la version japonaise de ces Écritures comprend 55 tomes de 1 000 pages chacun, soit à peu près vingt fois le volume de toute la Bible. Le canon en pâli (qui compte « seulement » 16 000 pages) a été intégralement gravé sur 729 stèles dans une pagode de Mandalay, en Birmanie. Il constitue ainsi le plus grand livre de pierre du monde.

Ce canon officiel forme les Trois Corbeilles ou *Tripitaka* (en sanskrit) dont la première, le *Vinaya*, relative à la discipline des moines, diffère assez peu selon les écoles. La deuxième corbeille, celle des *Sûtra* ou sermons du Bouddha, comprend des différences plus sensibles et la troisième, celle de l'*Abhidharma*, est propre à chaque courant. Il faut encore compter avec une multitude de textes paracanoniques différents selon les pays. Chaque bouddhisme a ainsi ses propres commentaires de la parole du Bouddha, un peu comme dans le judaïsme, chaque communauté, celle de Jérusalem comme celle de Babylone, a élaboré son propre Talmud.

Mais il s'agit là d'une différence importante par rapport au christianisme, car, si l'on fait exception de quelques textes mineurs de l'Ancien Testament (dits deutérocanoniques) non reconnus par certains protestants, tous les chrétiens lisent la même Bible ou plutôt les mêmes Bibles car, en grec, ce mot est un pluriel (*ta biblia*, « livres »). Sur ce point, au moins, le chrétien ne sera pas trop dépaysé par rapport à la diversité des Trois Corbeilles qui mélangent les événements de la vie du Bouddha, ses sermons, ses conseils éthiques et ses textes poétiques, un peu comme la Bible comprend des chants d'amour (le Cantique des cantiques), des livres de sagesse ou des récits historiques.

Avec son immense dépôt sacré, le bouddhisme a donc canonisé les textes avec autant d'ardeur que le catholicisme a canonisé les hommes : le bouddhiste doit s'imprégner du canon un peu comme on imite les saints. En pratique, seuls les moines, qui furent longtemps les instituteurs du peuple et les lettrés de l'Asie du Sud-Est, peuvent venir à bout d'une telle somme. En Birmanie, ces dernières années, six religieux seulement ont été reconnus, par un jury de confrères, comme possédant parfaitement les Écritures.

Les sources chrétiennes sont moins étendues si l'on s'en tient au seul texte canonique : le Nouveau Testament. Bien des moines le connaissent en entier presque par cœur ; des œuvres pieuses le font imprimer pour quelques francs et le distribuent dans toutes les chambres d'hôtel. Il tient en peu de place et, durant la dernière guerre mondiale, chaque soldat américain avait le sien dans son paquetage avec une couverture kaki pour l'armée de terre, bleu ciel pour les aviateurs et bleu marine pour les marins. Si la Bible est le livre par excellence, le Nouveau Testament est le modèle du livre de poche. Il est petit et pratique, peut s'emmener en voyage et être enseigné facilement, même par des catéchistes laïques. Comme le Coran, la Bible est un livre saint destiné au peuple des croyants, alors que les Écritures bouddhiques ont d'abord été conçues pour des moines passant leurs journées à lire et à méditer.

Dans l'ensemble, le christianisme a été plus concis et a clos plus rapidement que le bouddhisme sa liste officielle de livres saints : deux siècles après la mort de Jésus, le canon était, pour l'essentiel, fixé. Les textes non reconnus furent qualifiés d'apocryphes, mais l'un de ceux-ci retrouve une large audience, l'évangile de Thomas, un document dont on a retrouvé en Égypte une version copte et des fragments grecs. Cet évangile contient 114 préceptes ou paroles *(logia)* attribués à Jésus et dont la tonalité gnostique évoque souvent les propos prêtés au Bouddha. Par exemple, le dernier précepte affirme : « Chaque femme qui se fera homme entrera dans le Royaume des Cieux. » La tradition bouddhique dit aussi qu'une femme n'atteindra le nirvâna qu'en devenant homme dans une vie ultérieure. Une fois de plus, l'énigmatique Thomas jette un pont entre la pensée du christianisme et celle du bouddhisme.

Audience et prudence

À bien des égards, les Écritures saintes du bouddhisme ressemblent plus à la Bible hébraïque qu'au Nouveau Testament. La parole des Patriarches et des Prophètes d'Israël, comme celle du Bouddha, n'a été transcrite que plusieurs siècles après les faits relatés, et les copies qui nous sont parvenues sont encore plus récentes : lire le récit de la sortie d'Égypte des Hébreux ou celui de l'Illumination du Bouddha, c'est se référer à un texte formé de fragments multiples rédigés, pour les plus anciens, trois ou cinq siècles après ces événements.

La transmission de ces paroles passe donc par une longue lignée d'éditeurs, de coauteurs et de copistes, qui ont souvent tendance à forcer le trait, à insérer leurs gloses, à ajouter du merveilleux. Ainsi, plus les textes sont récents, plus les prodiges de Moïse ou les miracles du Bouddha sont nombreux, alors que les fragments anciens sont plutôt sobres. L'ensemble est donc assez hétérogène, alors que les quatre évangiles, rédigés en moins d'un siècle, sont plus facilement comparables, les trois premiers d'entre eux pouvant même être lus en parallèle, d'une façon synoptique.

Une autre distinction essentielle concerne la liberté des auteurs. Les premiers récits de la vie et de l'enseignement du Bouddha ont été entrepris sous des régimes politiques neutres, voire favorables à la nouvelle religion, tel celui de l'empereur Ashoka (vers 273-232 av. J.-C.). Ils ne portent donc pas de traces de violences collectives comparables au martyre des Apôtres.

Au contraire, le Nouveau Testament a été écrit sous la domination romaine, juste avant ou juste après la première prise de Jérusalem (70 ap. J.-C.) et la défaite des Juifs devant les légions de César. Il porte parfois la marque du vainqueur et, par exemple, les récits du procès de Jésus ont tendance à minimiser le rôle des Romains et à exagérer celui des Juifs dans la condamnation de Jésus. On ne doit pas oublier que les premiers auteurs chrétiens devaient ménager la puissance de Rome, pouvaient redouter sa censure et avaient parfois recours à un langage codé comme dans l'Apocalypse de Jean où il est question d'une méchante bête à sept têtes, subtile allusion aux sept collines de Rome.

Les textes bouddhiques font plutôt état de bonnes relations entre le Bouddha et le pouvoir politique, notamment avec le roi Bimbisâra, souverain du Maghada, région du Nord-Est de l'Inde. En revanche, l'ex-prince Gautama ne cesse de vitupérer l'enseignement des brahmanes, ces prêtres hindous, principaux bénéficiaires du régime des castes. Mais, connaissant l'emprise de ceux-ci sur la population et l'asservissement de cette dernière à l'ordre social, les auteurs du canon se gardent bien d'attaquer directement les fondements essentiels de la société indienne. D'après les Écritures, le bouddhisme n'abolit donc pas les castes, il se place en dehors et au-dessus de ce système.

C'est donc au prix de certains silences diplomatiques que les enseignements de Jésus et du Bouddha ont pu parvenir jusqu'à nous, car les disciples des deux maîtres ont délibérément visé l'audience la plus large, quitte à gommer certains traits de civilisation ou à taire des conflits. Et c'est en se plaçant au-dessus des antagonismes de leur époque qu'ils ont pu favoriser l'éclosion de deux religions universelles.

Autant dire qu'on ne sait jamais trop si Jésus et Bouddha sont des réformateurs ou des fondateurs. Pour des raisons de prudence ou d'audience, les Écritures laissent planer une certaine ambiguïté. L'évangile de Matthieu (5, 18) nous dit que Jésus n'est pas venu abroger la Loi juive, « dont pas un iota ne passera », mais le Christ enfreint cette Loi en travaillant le jour du shabbat. De même, l'enseignement du Bouddha historique semble athée puisque, d'après lui, l'homme doit obtenir le bonheur et la délivrance par ses seuls mérites, sans aucune intervention divine. Mais, dans le même temps, le dieu Indra, chef du panthéon hindou, figure dans les récits des Jâtaka, comme si les auteurs de ces textes n'avaient pas trop voulu rompre avec la foi traditionnelle dans les dieux du pays.

Il y a toujours deux options dans l'histoire des religions : on peut considérer le bouddhisme et le christianisme comme un hindouisme et un judaïsme réformés ; on peut aussi y voir des religions radicalement nouvelles. Mais, sur le plan des documents, seul le christianisme a intégré dans son canon une grande partie des Écritures juives sous la forme de l'Ancien Testament. Le bouddhisme n'a pas repris à son compte les textes sacrés du védisme, ancêtre de l'hindouisme.

Le démontage du canon

Les Écritures canoniques, ces textes officiels des Églises bouddhistes ou chrétiennes, ressemblent effectivement à des canons au profil longuement travaillé, à l'âme bien polie pour viser juste et porter loin. La parole qui jaillit de cette bouche a une force de frappe incontestable qui a touché les hommes les plus divers. Mais il n'est pas facile de reconstituer le patient usinage de cette arme spirituelle qui, à partir de bribes des discours du Christ ou du Bouddha, a forgé un ensemble cohérent et percutant.

Pour retrouver la genèse de ces discours, il faut opérer tout un travail de reconstitution fort complexe. Car remonter aux sources, d'un récit comme d'une rivière, c'est donner toute sa valeur à ce pluriel, admettre qu'il n'y a pas une origine unique, un parcours rectiligne. Il en est des textes comme des fleuves : on peut se perdre en conjectures sur le lieu de la « vraie source » que nombre de villages et de personnes se disputent, et il est rare qu'il y ait un seul point de départ qui fasse l'unanimité.

Remonter aux sources, c'est donc reconnaître une pluralité, procéder avec méthode et intuition pour séparer les éléments du texte comme les couches d'un sédiment en repérant les failles du sens, les glissements d'époques, les ruptures de ton ou les changements de vocabulaire. On peut ainsi affirmer que chacun des quatre évangiles est un récit composite dans lequel des disciples de Jésus ont recoupé leurs sources, croisé leurs informations et ajouté leurs propres convictions. Un évangéliste est donc moins un auteur qu'un éditeur ou un directeur de collection, et lorsqu'on parle, par exemple, d'« évangile selon saint Matthieu », il s'agit plutôt d'un texte rédigé sous la direction, à l'écoute ou dans l'école de saint Matthieu.

Sagesse et critique

De telles méthodes n'ont pu être que très partiellement appliquées au canon bouddhique, dont l'immensité exigerait d'énormes moyens d'études. On a certes pu repérer plusieurs strates rédactionnelles dans les Trois Corbeilles mais aucun travail exhaustif n'a encore pu être mené à bien, d'autant que la structure des canons en pâli, en sanskrit, en chinois et en tibétain diffère notablement.

À l'ampleur de la tâche, s'ajoute, d'ailleurs, une différence de point de vue par rapport à l'exégèse occidentale, car la tradition bouddhique préfère l'unité de la personne à la pluralité des origines, le ressourcement intérieur à la datation historique et la concentration mentale au raisonnement intellectuel. Les Trois Corbeilles conservent donc encore bien des secrets sur la genèse de leur contenu et tirent de ce mystère un certain attrait, y compris dans les milieux intellectuels occidentaux, fatigués d'analyse structurale, rompus d'exégèse critique ou perdus de lectures psychanalytiques. Le public européen est d'ailleurs friand de ce parfum d'exotisme et a souvent découvert le bouddhisme à travers les ouvrages de romanciers ou d'explorateurs, en lisant les récits hauts en couleur de la vie du Bouddha rédigés par Hermann Hesse ou Alexandra David-Néel (voir Sources documentaires). À l'inverse, les exégètes universitaires, ces savants « bouddhologues », relégués chez des éditeurs spécialisés, ont éprouvé les pires difficultés à faire connaître leurs travaux. Car le lecteur occidental, même et surtout s'il est de haut niveau universitaire, cherche dans le bouddhisme plus une source de sagesse qu'une occasion de controverses.

Au contraire, la critique du christianisme a rapidement conquis un vaste public dans la bourgeoisie « éclairée ». Les *Vies de Jésus* de David Stauss (1835), traduites en français par Littré, et d'Ernest Renan (1863) ont dépassé le million d'exemplaires. L'exégèse moderniste d'Alfred Loisy a suscité, au début de ce siècle, des débats passionnés dans l'opinion. Les travaux du père Lagrange et de l'École biblique de Jérusalem ont rencontré un large écho dans les milieux intellectuels catholiques.

Démocratie de la Parole

La science des religions fut, en Occident, considérée comme un brevet d'intelligence, unc victoire de la raison, une conquête des esprits forts, même si elle a suscité de vives tensions entre les gardiens sourcilleux d'une lecture littérale du Nouveau Testament et les partisans, tels le théologien protestant Rudolf Bultmann, d'une démythologisation de la vie de Jésus.

La théologie a bien évolué depuis qu'en 1678 Bossuet faisait brûler l'*Histoire critique du Vieux Testament* de Richard Simon, un livre susceptible de semer le désarroi chez les fidèles parce qu'il s'interrogeait sur l'inspiration divine de la Bible. Aujourd'hui, dans un groupe d'experts comme le Séminaire de Jésus, constitué à partir de 1985 et composé de théologiens américains, protestants ou catholiques, on vote pour savoir si tel ou tel verset des évangiles correspond sûrement, probablement, éventuellement ou ne correspond pas du tout à la réalité historique de la prédication de Jésus. Dans l'approche du Royaume du Dieu, on fait entrer la démocratie.

Malgré toutes ces différences dans l'approche actuelle de leur message, le Christ et le Bouddha conservent un point commun : ils partagent avec Socrate, Lacan et Saussure la particularité de s'être fait connaître, de leur vivant, par un enseignement oral et non par le canal de l'écrit. Leur gloire posthume vient d'abord d'une émission et d'une transmission auriculaire de leur doctrine.

« La plume est serve et la parole est libre », disent les magistrats. Jésus et Bouddha, ces deux procureurs de leur société, ont bénéficié de cette spontanéité et de cette liberté du langage parlé. Il y a là de quoi donner matière à réflexion dans le domaine de la communication : un lectorat ne remplace jamais un auditoire. Celui-ci restitue comme il l'« entend » les propos tenus. Et son interprétation est souvent fort libre. Le Christ et le Bouddha, comme tant d'autres maîtres à penser, ont tenu séminaire, formé des disciples, fasciné des générations. Ils ont forgé des maximes dans le feu de l'instant, lancé des formules au grand vent de l'Histoire. Les fidèles les ont recueillies, les dévots les ont sanctifiées. Des théologiens ont justifié, parfois compliqué ce qui n'était, au départ, que des mots à la bouche : la parole a germé, le jargon a fleuri.

L'optique grecque

Les sources écrites ou orales racontent. Les sources visuelles figurent. Ce que les Livres saints mémorisent, les images pieuses le dévisagent. Il y a là un changement de perspective que christianisme et bouddhisme abordent, chacun à sa façon.

L'histoire du christianisme est celle d'un long va-et-vient entre l'image et l'écrit. Il commence par la destruction de statues païennes exhibant leur nudité — ces images que le grec appelle des idoles —, se poursuit par une série de crises iconoclastes dans la Byzance du VIIe siècle puis dans l'art roman, enfin dans l'Europe de la Renaissance, lorsque Calvin fera blanchir à la chaux les peintures des églises supposées distraire les fidèles de leurs pieuses lectures. Le dernier « iconoclaste » sera Le Corbusier, dont la chapelle de Ronchamp et le couvent de la Tourette sont d'un austère dépouillement : l'architecte suisse disait trouver son idéal de beauté « quand les cathédrales étaient blanches ».

Mais, entre-temps, il y a, dès le IIe siècle, les peintures des catacombes romaines, puis les vitraux du gothique flamboyant, les angelots de l'âge baroque et les statues de l'art sulpicien. La vieille prohibition biblique du culte des images — « Tu ne feras pas d'image », dit Dieu à Moïse — n'est jamais totalement respectée dans le monothéisme. On voit de splendides peintures dans la synagogue de Doura-Europos, en Syrie, des scènes de chasse et des visages humains en pleine civilisation musulmane dans les fresques des châteaux du désert, en Jordanie. On voit aussi de magnifiques nudités dans la chapelle Sixtine, au cœur du Vatican.

Le bouddhisme, comme l'hindouisme, a également réservé une place importante aux peintures et aux sculptures racontant la vie du Sage et ses existences antérieures. Les plus anciens exemples de ce catéchisme de pierre sont probablement antérieurs aux premiers écrits canoniques, et l'on en a conservé des traces datant du Ier siècle av. J.-C. dans les grottes d'Ajanta, au nord-est de Bombay.

Pourtant, les fidèles des premiers siècles ne pouvaient dévisager le Bouddha. Les plus anciennes écoles de sculpture ne représentent jamais le corps de l'Éveillé et le suggèrent par un symbole : fleur de lotus, empreinte des pieds, roue de la Loi, etc. Des bas-reliefs peuvent décrire l'histoire du Maître, mais celui-ci reste invisible, laissant vide son trône comme Jésus son tombeau pour bien signifier que l'essentiel est ailleurs.

Les plus vieilles représentations du corps du Bouddha datent du tout début de l'ère chrétienne et apparaissent dans les royaumes indo-grecs issus de l'expédition d'Alexandre, près de l'actuelle frontière entre le Pakistan et l'Afghanistan. Cet art dit du Gandhara — le nom antique de cette région — est marqué par ses origines hellénistiques teintées d'influences iraniennes et indiennes. Le Bouddha y apparaît tantôt en guerrier persan, tantôt en éphèbe grec, tantôt en ascète indien, et le drapé de sa robe évoque les vêtements des Romains. La sculpture fait ici le lien entre Orient et Occident et nous rappelle que, si la doctrine du Bouddha émane de l'Inde, son visage vient de Grèce.

Ce visage a été reproduit à des milliards d'exemplaires dans tout le monde bouddhique. Dans chaque maison, il y a une statue du Bouddha. Dans des grottes comme celles de Dazu ou de Datong, en Chine, ce sont des dizaines de milliers de statues qui s'alignent, vénérées par les fidèles, couvertes de fleurs, ornées de rubans. Contrairement au christianisme, le bouddhisme n'a guère connu de fureur iconoclaste dans ses rangs, même s'il a dû affronter les destructions commises par des forces politiques, les dernières en date ayant été les gardes rouges de Mao et les Khmers rouges du Cambodge.

Faute de pouvoir ou de savoir lire les 50 000 pages du canon, les bouddhistes ont pu contempler et vénérer ces statues dont la gestuelle est une doctrine en images. Quand la main droite du Bouddha touche terre, le Maître prend le monde à témoin de sa résolution d'atteindre l'Illumination. Quand les deux mains reposent les paumes tournées vers le ciel, le Bouddha est plongé dans la méditation *(dhyâna)*. Quand le Bouddha est couché les yeux mi-clos et les pieds parallèles, il connaît l'extinction parfaite *(parinirvâna)*. Et ce langage des gestes présente l'immense avantage de transcender les frontières linguistiques, si nombreuses dans les mondes chinois et indien.

Par sa valeur théologique et sa puissance spirituelle, la

statuaire bouddhique ne peut guère être comparée qu'aux icônes des chrétiens orientaux. Les images ne sont pas adorées, mais vénérées avec une intensité telle que leur absence serait fatale à la piété des fidèles. La profondeur naît du regard, la vie intérieure s'exprime les yeux ouverts.

Mais on observe une différence majeure par rapport au christianisme. Celui-ci a progressivement pris pour emblème le crucifix, c'est-à-dire le corps du Supplicié. Au contraire, le bouddhisme met en avant la sérénité de son Maître, au visage souriant, à la peau lisse, aux traits détendus, qui semblent défier les angoisses de la vie, le stress de l'existence.

Pourtant, au début du christianisme, le crucifix n'existait pas. Au IIIe siècle, on représentait Jésus sous l'aspect bucolique du Bon Pasteur portant une brebis. Les persécutions et le culte des martyrs ont sans doute chassé cette image paisible au profit d'une figuration plus torturée. Le bouddhisme, qui n'a guère eu de martyrs en ses débuts, ou ne les a pas glorifiés, s'est bien gardé d'exalter les images de souffrance.

L'Eau vive

Parler de sources, au temps du Christ et du Bouddha, n'exigeait pas tous ces détours par l'écrit ou l'image : la notion de source littéraire ou artistique ne date guère que du XVIIe siècle. En revanche, les deux maîtres baignaient dans un environnement de sources naturelles.

La symbolique de l'eau se justifie ici d'autant mieux que la prédication du Christ se déroule souvent au bord du Jourdain comme celle du Bouddha sur les rives du Gange où, à Bénarès, il prononce son plus important sermon : il explique comment on peut échapper à la spirale des renaissances pour atteindre le nirvâna. De même, les deux Maîtres acquièrent leur dimension sacrée auprès d'un cours d'eau : Jésus est baptisé par Jean-Baptiste dans le Jourdain, et le Bouddha connaît l'Illumination *(Bodhi)* au bord de la rivière Nairanjanâ, un affluent du Gange.

En Inde, toutes les sources sont imprégnées d'essence divine, mais la Ganga, « mère de l'Inde », est la plus sacrée des rivières. Prenant sa source au Nanda Devi, la « déesse de la Richesse », la Ganga est elle-même une divinité dont les flots lavent les péchés des vivants et accueillent les cendres des défunts, promis à une meilleure renaissance. Sur les quais de Bénarès, des millions d'hindous vont effacer leurs fautes et dépasser leur mort dans ce fleuve qui charrie la mémoire d'un peuple et l'Histoire d'une foi. Les textes bouddhiques, surtout les plus tardifs, contiennent de nombreuses allusions à ces pouvoirs miraculeux de l'eau.

Par exemple, juste avant son illumination, le Bouddha, épuisé par un long jeûne, se serait baigné dans la rivière Nairanjanâ et, grâce à ce liquide régénérateur, aurait retrouvé sa force et sa beauté. Toutefois, à la différence de l'hindouisme, le bouddhisme ne fait pas de l'eau sacrée un objet de culte, mais seulement un symbole de la vie spirituelle. Comme sur une rivière paisible et accueillante, le Bouddha suit le cours de sa vie et purifie son existence.

Jésus vit dans un monde juif qui a désacralisé les sources et les fleuves. Yahvé ne se prend pas pour le Nil, dont les Égyptiens adorent les crocodiles et les hippopotames, ni pour l'Euphrate, ce juge suprême où l'on jette les accusés pour départager les innocents des coupables. Le dieu d'Israël confie les eaux aux bons soins des hommes, et Jésus va transformer les sources historiques en fontaines d'Eau vive. À la Samaritaine, qui puise de l'eau dans le puits de

Jacob, il donne une eau qui étanche la soif pour la vie éternelle (Jean 4, 4).

Par la suite, les sources chrétiennes seront les vasques du baptême aussi bien que la parole de l'Évangile, et les sources bouddhiques le rite d'aspersion du Nouvel An autant que le canon des Écritures. Car les sources étanchent une soif de connaissance, mais aussi régénèrent le croyant au contact des eaux primordiales.

2.

La terre

Faut-il avoir vu un pays pour en parler ? Ni Georges Dumézil ni Albert Schweitzer n'ont jamais posé le pied en Inde. Le premier a pu écrire des milliers de pages sur les religions indo-européennes, et le second rédiger son livre sur *Les Grands Penseurs de l'Inde*[1] sans avoir visité la patrie de Brahmâ. Ils n'ont fréquenté aucun temple hindouiste ou bouddhiste ni exploré les irremplaçables musées de New Delhi, Peshawar, Lahore, Bombay ou Calcutta. Ils n'ont pas admiré de sanctuaires en ruine ni assisté à un seul office religieux. Ils n'ont pas contemplé les pétales de rose sur les pieds de Vishnou ni les huiles saintes sur le sexe de Shiva. Et peut-on comprendre l'Inde sans avoir vu ces scènes de la vie et de la mort que sont les sculptures érotiques des temples et les cérémonies de crémation ?

La réponse n'est pas simple et doit tenir compte de nombreux facteurs. On peut d'abord séparer le texte de son contexte et déchiffrer des documents à des milliers de kilomètres de leur lieu de production. C'est ce qu'on fait, actuellement, aux États-Unis ou en Europe, avec les manuscrits de la mer Morte, ces documents contemporains de Jésus qui forment une sorte d'« Intertestament », intermédiaire entre l'Ancien et le Nouveau. De même, au siècle dernier, nombre d'orientalistes, tel Eugène Burnouf, initiateur des études bouddhiques en France, menaient à bien des traductions d'œuvres en sanskrit sans jamais s'être rendus en Inde. L'exégète voire l'épigraphiste, qui ont besoin d'épaisses grammaires et de dictionnaires intransportables, travaillent souvent mieux dans leur bibliothèque que sur le terrain.

Mais l'approche du bouddhisme a parfois été « dénaturée » par cette méconnaissance des réalités asiatiques. Car l'inconvénient du travail en chambre est de désincarner la recherche, d'ignorer les influences d'une société sur des penseurs. Ceux-ci, même s'ils ont donné jour à des religions universelles, furent d'abord les témoins et les acteurs d'une culture locale.

Milieu de vie

Jésus et Bouddha se sont d'autant mieux imprégnés des paysages et des ambiances de leurs pays respectifs qu'ils furent tous deux de grands marcheurs. Jésus arpente la Judée et la Samarie, pousse des pointes en Galilée, anime avec ses douze disciples un cercle de randonneurs infatigables. À la veille de sa Passion, il lave les pieds des Apôtres, ces fantassins de l'Évangile, et, chaque jeudi saint, des prêtres répètent ces humbles gestes, inséparables d'une civilisation de piétons.

L'évangile de Luc est conçu comme une marche sacrée, un « Grand Trek », avec une minutieuse étude du parcours, un savant dosage des étapes qui font progresser Jésus des bords du Jourdain aux collines de Jérusalem. Et c'est un dieu à pied qui porte sa Croix sur le sentier menant au Calvaire, à l'écart des grandes voies romaines tracées pour les chars. Dans les évangiles, on mesure en stades, cette unité de longueur des coureurs à pied que les traducteurs transforment en heures de marche pour mieux rendre compte des distances.

Le Bouddha est un randonneur tout aussi remarquable. Il parcourt le bassin du Gange en compagnie de ses disciples et commence sa vie publique par un long raid depuis sa terre sauvage du Terâi, au pied de l'Himalaya. Il se repose durant la mousson mais, parfois, la pluie le surprend, et sa réflexion se poursuit sous les trombes d'eau. L'un des thèmes favoris de l'art bouddhique est la sortie sous l'averse du Bouddha, qui voit Muchilinda, le roi des serpents, lui offrir sa tête de cobra en guise de parapluie.

Ces vacances de mousson, déjà connues des prédicateurs hindouistes, ont sans doute favorisé un élément essentiel des religions indiennes et, particulièrement, du bouddhisme : la méditation. Les moines ont mis à profit ces mois d'arrêt forcé, durant lesquels les chemins sont impraticables, pour s'exercer au contrôle de soi, à l'immobilité intérieure, à la concentration mentale. Cette saison des pluies a aussi donné naissance au carême bouddhiste, une période estivale où les laïcs font souvent retraite dans un monastère.

Mais ces temps de récollection n'ont jamais empêché l'activité missionnaire de reprendre, le moment venu, dans les deux religions. Leurs fondateurs ont donné l'exemple : ils sont prédicateurs itinérants et non ermites à demeure comme tant de « renonçants » indiens de l'époque ou d'ascètes juifs comme les Esséniens. Pour semer leur parole, Jésus et Bouddha ont d'abord creusé leur sillon. Ils se plongent dans un milieu de vie au milieu de leur vie, en pleine force de l'âge. Ils avalent les kilomètres et provoquent des conflits, parfois des émeutes, en ne respectant ni le pouvoir des caciques ni le prestige des vénérables.

Jésus a trente ans quand il commence à prêcher. Il se heurte bien vite aux Anciens, qui maintiennent les traditions et siègent au Sanhédrin, cette assemblée devant laquelle comparaîtra le Christ durant sa Passion. Mais l'Église prendra son jeune fondateur à contre-pied en confiant les pouvoirs sacerdotaux à des hommes d'une sagesse et d'un âge confirmés, les presbytres, un titre qui signifie « vieux » et a donné en français le mot « prêtre », « presbytère » et… « presbytie », cette affection de la vieillesse.

Le Bouddha, disent les Écritures, a vingt-neuf ans quand il commence sa prédication. Cette jeunesse est contraire à la tradition indienne selon laquelle un brahmane doit passer par quatre stades *(âshrama)* successifs : l'éducation, la vie active, la vie de retraite et, enfin, l'érémitisme, durant lequel le vieillard fonde un âshram. L'activité de ces ermites est forcément réduite par leurs forces déclinantes, leur potentiel réformateur limité par la proximité de la mort. On se doute qu'avec un Luther ou un Calvin de ce « quatrième âge », l'Église de Rome n'aurait pas eu à craindre la Réforme.

Au contraire, le Bouddha, formé dans sa jeunesse à tous les sports et à l'art militaire, est encore un jeune réformateur plein d'allant et d'idées. L'une de celles-ci sera d'ailleurs d'éviter les jeûnes excessifs, les macérations extrêmes des vieux ermites qui ont un peu perdu l'appétit de vivre. L'ancien prince Gautama n'entend pas hâter l'heure de sa fin puisque les Écritures situent son Extinction parfaite à l'âge de quatre-vingts ans. Avant d'apprivoiser la mort, le Bouddha sait prendre le temps de vivre, et les brahmanes devront supporter sa prédication pendant plus d'un demi-siècle.

Déserts et forêts

Il n'est donc pas inutile de mettre nos pas dans ceux du Bouddha et de Jésus, d'arpenter les terres qui furent les leurs, de côtoyer les nombreux hommes qui y vivent, en ces pays de vieille agriculture et de forte densité rurale. Il n'est pas superflu d'étudier les croyances à l'école de la nature. On comprend mieux le cycle des renaissances *(samsâra)* en observant l'effet de la mousson qui, chaque été, redonne sa vigueur à un sol craquelé comme la peau d'un vieillard : toute nouvelle existence symbolise le retour des saisons, inévitable quoique surprenant, car une mousson est toujours plus précoce ou plus tardive, plus forte ou plus faible que la précédente.

De même, on comprend mieux les mystères de la Passion en replaçant le procès de Jésus dans le cadre de Jérusalem, de cette ville qui est en lutte permanente et en guerre chronique depuis trois mille ans, tant elle suscite de passions et divise les religions.

La prédication de Jésus et du Bouddha fut aussi fortement influencée par l'écosystème dans lequel ils évoluaient. Ainsi, le Bouddha a passé une grande partie de sa vie dans un milieu forestier qui avait déjà beaucoup marqué la religion indienne : celle-ci s'appuyait sur des « textes de la forêt » *(âranyaka)*, rédigés par les ermites retirés dans des espaces boisés, malheureusement aujourd'hui défrichés. L'institution des vaches sacrées avait d'ailleurs, entre autres fonctions, celle de protéger la forêt, car la bouse séchée, précieux combustible, évitait les coupes de bois.

Le Bouddha est donc né dans le bois de Lumbinî — actuellement transformé en rizière —, a prêché dans la Grande Forêt, la forêt des Vainqueurs, le Bois oriental ou le parc des Bambous (géants). Et la prédication boud-

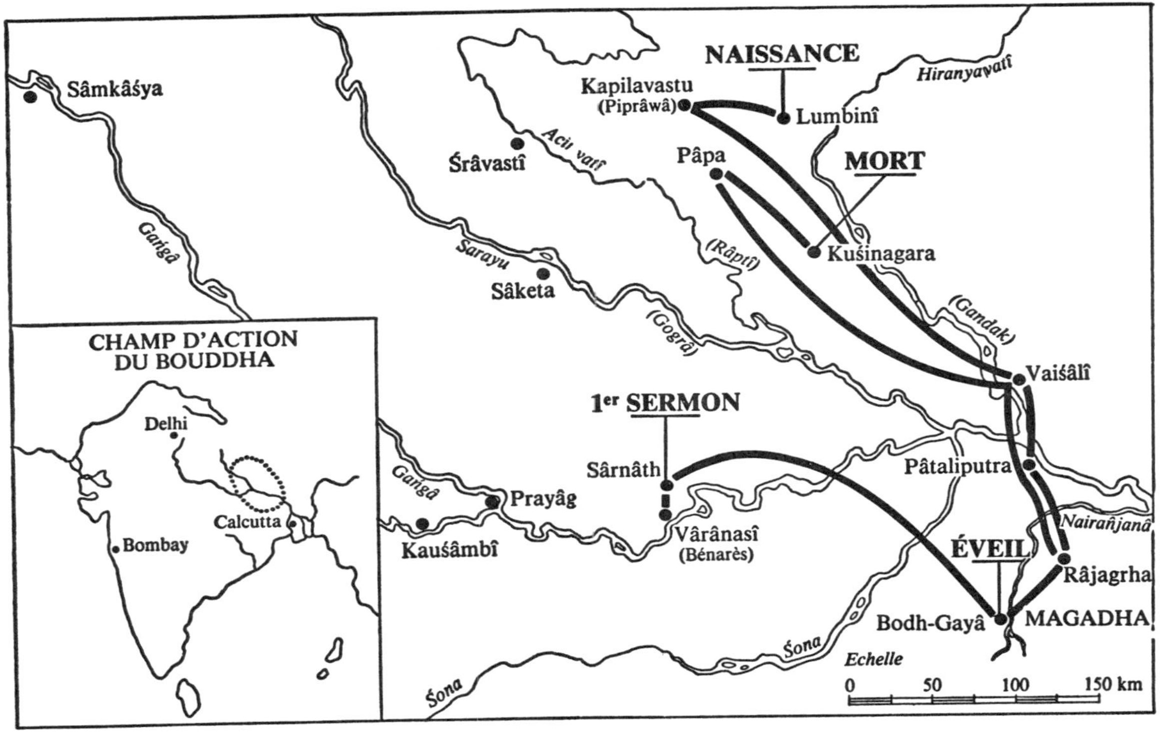

Itinéraires du Bouddha et points principaux de ses pérégrinations

dhique a commencé dans un environnement feuillu, sous le *ficus religiosa*, l'arbre de l'Éveil. Les bas-reliefs détaillant la vie du Sage sont remplis d'arbres de toutes espèces, notamment de banians, dont le nom était d'ailleurs celui d'une secte brahmanique et dont les racines aériennes symbolisent la perpétuelle renaissance de la vie.

Jésus a plutôt été marqué par le désert — un mot qui revient quarante-huit fois dans le Nouveau Testament —, où il se retire pour prier avant d'être tenté par le diable. Le christianisme a donc développé toute une spiritualité de cet espace, où la nourriture (la manne) vient de Dieu et où l'homme n'est pas distrait de la vie contemplative par les travaux des champs ou l'agitation des villes.

Renan a surenchéri avec sa fameuse phrase sur le « désert monothéiste » : « Sublime dans son immense uniformité, il [le désert] révéla à l'homme l'idée de l'infini, mais non le sentiment de cette vie incessamment créatrice qu'une nature plus féconde a inspiré à d'autres races. Voilà pour quoi l'Arabie a toujours été le boulevard du monothéisme le plus exalté[2]. » Sans doute, l'uniformité du désert peut conduire à l'idée d'un dieu unique, mais il ne faut pas trop schématiser les relations entre théologie et écologie : le premier pays musulman du monde, l'Indonésie, ne bat-il pas des records mondiaux de pluviosité ? Quant au désert de Jésus, ce n'est pas toujours un lieu totalement vide et aride : sur les cinq mots hébreux exprimant l'idée de désert, un seul désigne un univers dépeuplé et purement minéral. Les moines du désert, ces fameux stylites vivant sur une colonne, attiraient, d'ailleurs, des foules nombreuses. Et, aujourd'hui, l'agriculture israélienne sait faire reverdir et refleurir ce désert, comme le promettaient les Prophètes de la Bible.

Culte et culture

La nature surexploitée a bien souvent changé depuis l'époque du Christ ou du Bouddha, et les espaces culturels ont été encore plus bouleversés. Ces mutations agronomiques et sociologiques ne facilitent pas notre compréhension des fondements du christianisme et du bouddhisme, tant les rapports entre les dimensions cultuelles, culturelles et culturales ont pu évoluer en vingt ou vingt-cinq siècles.

Le Christ a vécu dans le Croissant fertile du Proche-Orient, en pleine civilisation du blé et de la vigne. Jésus a d'ailleurs fait du pain et du vin le symbole — pour les protestants — ou la réalité — pour les catholiques et les orthodoxes — de son Corps et de son Sang, lors du repas de la Cène, le jeudi saint. Et le Vatican a longtemps interdit aux missionnaires en Inde ou en Chine de célébrer la messe avec du riz et du thé, qui sont, dans une grande partie de l'Extrême-Orient, la nourriture et la boisson les plus représentatives. Cette « querelle des rites », particulièrement aiguë au XVIIe siècle, a montré les difficultés de l'acculturation d'une religion hors de son aire culturelle.

Le Bouddha a évolué et le bouddhisme a prospéré dans une civilisation où le riz et le thé tiennent une place essentielle. Chaque matin, on peut voir les moines faire le tour des villages avec leur bol à aumônes que les habitants remplissent de riz. Dans les rizières, flottent souvent des drapeaux à prières sur des autels dédiés à des divinités locales de la fécondité que le Bouddha historique s'est bien gardé de maudire, tant les populations leur sont attachées.

Quant au thé, si le Bouddha historique l'ignorait probablement — il a été introduit en Inde au XVIIIe siècle par les Anglais —, la religion chinoise et surtout japonaise, fortement imprégnée de bouddhisme, l'a intégré à sa spiritualité. La cérémonie du thé est devenue, à partir du XVIe siècle, une « voie du thé » *(chadô)*, qui est un rite de communion. Et, pour les adeptes du Zen, le théier est un arbre né des paupières de Bodhidharma — le fondateur de cette école de spiritualité —, paupières qu'il avait coupées pour lutter contre la somnolence durant sa méditation. C'est ainsi que le thé, boisson stimulante, devient un symbole de l'Éveil.

Mais si le riz et le thé peuvent acquérir une dimension spirituelle ils ne sont pas pour autant sacralisés, alors que les Églises catholique et orthodoxe ont fait du pain et du vin de l'eucharistie un sacrement. La différence est capitale, car le bouddhisme, comme le protestantisme, n'opère pas de transformation sacramentelle des éléments de la nature. Il n'a donc pas besoin d'un corps sacerdotal disposant de ce pouvoir surnaturel. C'est pourquoi, comme les Églises de la Réforme, le bouddhisme n'a pas de prêtres. Ses religieux sont des moines, parfois appelés « bonzes » (un mot japonais), des hommes de prière qui ne célèbrent aucun sacrifice.

Terres saintes

Entre nature et surnature, il y a la catégorie intermédiaire de la Terre sainte, chère au cœur des fidèles, riche de sens pour la foi. Dès sa conversion au christianisme, l'empereur Constantin fit construire, à Jérusalem, la basilique du Saint-Sépulcre, et les pèlerins affluèrent, tandis que le pays de Jésus se couvrait d'églises et de monastères. De même, l'empereur Ashoka multiplia les stèles commémoratives sur les lieux de la naissance et de la prédication du Bouddha, alors que la vallée du Gange voyait se presser moines et fidèles. Les pays du Bouddha et de Jésus devinrent des Terres saintes par un mélange de ferveur populaire et d'initiatives politiques.

Dans les deux cas, ce mouvement prit fin rapidement. Le pèlerinage en Palestine fut freiné, puis stoppé par la conquête arabe du VIIe siècle. Les bouddhistes se firent moins nombreux sur les terres du Bouddha à mesure que les hindous, puis les musulmans, prenaient le contrôle de l'Inde du Nord. Jérusalem devint une ville sainte de l'islam, et Bénarès la ville sacrée par excellence de l'hindouisme.

Après quatre siècles d'occupation musulmane, le christianisme entendit recouvrer sa Terre sainte par les armes et lança les Croisades pour délivrer le tombeau du Christ, un caveau pourtant vide, si l'on en croit les récits de la Résurrection. À l'inverse, le bouddhisme se refusa à toute action militaire pour récupérer ses sites vénérables, qui sombrèrent dans une relative désaffection. Le bouddhisme semble renoncer aux lieux saints et, dans le même temps, à la guerre sainte liée à la défense ou au recouvrement d'une terre sacrée.

Malgré l'occupation musulmane, un regain d'intérêt pour Jérusalem se manifesta en Occident lorsque les progrès des transports facilitèrent le voyage ou le pèlerinage en Terre sainte. Des écrivains croyants ou non croyants s'y pressèrent à la suite de Chateaubriand, Lamartine, Gérard de Nerval, Pierre Loti ou Ernest Renan. La politique s'en mêla lorsque Napoléon III se fit le défenseur des catholiques d'Orient et le tsar de Russie celui des orthodoxes. Aujourd'hui, quatorze confessions se partagent ou se disputent l'animation spirituelle des lieux saints de Jérusalem et de Bethléem où les pèlerins chrétiens, musulmans ou juifs sont de plus en plus nombreux.

Les lieux saints du bouddhisme, malgré leur voisinage avec des sanctuaires hindouistes, n'ont provoqué ni la même ferveur ni les mêmes conflits. Le Bouddha historique, selon l'un de ses Sermons, aurait pourtant promis la renaissance dans un ciel à ceux qui visiteraient les sites de sa naissance, de son Illumination, de son premier sermon et de son Extinction parfaite (parinirvâna), tous groupés dans un rayon de deux cents kilomètres, de part et d'autre de la frontière népalaise.

Mais le Népal fut, pendant des siècles, un pays peu ouvert, voire fermé aux étrangers, et le voyage en Inde a longtemps représenté une expédition trop onéreuse pour les masses de fidèles chinois ou indochinois. Autant, dans les premiers siècles du bouddhisme, les pèlerins avaient joué un rôle essentiel en diffusant et en traduisant la nouvelle doctrine, autant, à l'époque contemporaine, les lieux de la vie du Bouddha n'ont pas attiré les foules, surtout si on les compare aux lieux saints du christianisme, du judaïsme et de l'islam.

Cette relative discrétion est en train de prendre fin. À l'initiative de l'ancien secrétaire général de l'O.N.U., le Birman U. Thant, et avec l'aide de capitaux japonais, on construit à Lumbinî, le village de la naissance du Bouddha historique, un centre mondial de pèlerinage où les différentes écoles du bouddhisme font édifier des pagodes. Elles n'évitent d'ailleurs pas les rivalités de *stûpas* (dômes contenant des reliques) qui semblent aussi vives que les querelles de clochers.

Ce site, marqué par une stèle de l'empereur Ashoka, et longtemps abandonné à la jungle, aux tigres et aux moustiques, est donc en train de renaître et de devenir une nouvelle Bethléem. La comparaison n'est pas infondée tant la Nativité de Jésus et celle du Bouddha historique présentent de troublantes similitudes. De même que la Vierge Marie conçut et enfanta miraculeusement grâce à l'Esprit saint, la reine Mâyâ fut fécondée par un mystérieux éléphant blanc à six défenses et mit au monde l'enfant Bouddha par son flanc droit en s'appuyant sur un arbre.

Certaines traditions parlent d'un arbre de l'espèce ashoka et, phonétiquement, ce mot signifie « sans douleur », de même que l'empereur Ashoka est « celui qui ne cause pas de mal ». On peut voir dans cette expression une référence à un accouchement sans douleur, première étape vers la suppression de toute souffrance qui sera le grand objectif du Bouddha.

Fouilles profanes

Depuis un siècle et demi, d'Égypte en Mésopotamie, le Proche-Orient fait l'objet de fouilles intensives : du Caire à Assouan, d'Ur, la « ville d'Abraham », à Mari, la « cité des rois-prêtres », il n'y a pas un monticule qui n'ait vu les pelles et les pioches. L'un des motifs de cette passion archéologique est le désir de confirmer ou d'infirmer les affirmations de la Bible : de Champollion découvrant des zodiaques plus « vieux » qu'Adam et Ève à Claude Schaeffer trouvant trace à Ugarit, en Syrie, de prophètes ayant influencé la religion d'Israël, chaque chercheur est confronté au Livre saint.

« Il ne faut pas croire que la vérité reste la vérité quand on lui enlève son voile », disait Nietzsche. Mais peut-on croire que la Bible reste la Bible quand elle est « arrachée aux sables[3] » ? Depuis la fondation de l'État d'Israël, les fouilles se sont intensifiées au pays de Jésus : plus de mille chantiers y ont été ouverts en cinquante ans. Le sous-sol de Jérusalem est devenu une gigantesque taupinière dont les galeries débouchent sous le Temple, dans des églises, des mosquées ou des synagogues. Y a-t-il ou non un risque d'ébranler les fondements de la religion par ce travail de sape ?

La réponse est nuancée. Pour l'Ancien Testament, on n'a retrouvé aucune trace d'Abraham, de Moïse ou d'Isaïe, mais il y a des inscriptions relatives à Jérémie et à David. Pour le Nouveau Testament, il n'y a aucun indice de la prédication de Jésus mais des mentions du grand prêtre Caïphe et du préfet Ponce Pilate. Les événements profanes ont laissé plus de témoignages que l'Histoire sainte et, en ce sens, un travail d'archéologue ou d'épigraphiste consciencieux ne peut éviter de « profaner » une terre riche d'émotions, mais parfois pauvre en indices. Et, bien entendu, les polémiques entre chercheurs d'obédience différente à propos des manuscrits de la mer Morte, par exemple, créent un climat de guérilla religieuse, peu propice à une réflexion sereine.

Au pays du Bouddha, les fouilles ont été moins intenses qu'en Palestine, et les résultats encore plus décevants. L'Inde du Ve siècle av. J.-C. ignorait la pierre, les matériaux de construction étant alors le bois et le pisé (mélange d'argile, de cailloux et de paille), parfois la brique. De plus, le climat de mousson détériore très vite les monuments, et l'on ne peut retrouver, comme au Proche-Orient, des édifices bimillénaires enfouis sous des sables protecteurs.

On a certes relevé d'importantes traces de sanctuaires bouddhiques sur les lieux de prédication du Maître (à Bodhgayâ ou Sârnath), mais pas grand-chose qui évoque directement sa vie, à l'exception notable d'une stèle d'Ashoka sur son lieu de naissance et de restes d'un palais qui pourrait être celui de sa jeunesse. La stèle d'un empereur et le palais d'un prince, encore une fois l'archéologie restitue mieux les fondements du pouvoir profane que les témoignages d'un itinéraire spirituel.

Il reste une dernière et importante différence dans notre connaissance de lieux relatifs à Jésus et à Bouddha. Les premiers ont fait l'objet de multiples datations scientifiques permettant de situer chaque édifice ou chaque objet dans le temps grâce, notamment, à la dendrochronologie, fondée sur l'irrégularité des cernes de croissance des arbres, et au carbone 14, un isotope qui se décompose lentement. Ces datations sont beaucoup plus rares en Inde, en raison de la relative pauvreté des matériaux découverts — le bois y pourrit vite — et... de la modestie des crédits affectés à la recherche.

Or, les procédés scientifiques ont un impact idéologique. Par exemple, les datations au carbone 14 partent non pas de la naissance du Christ, mais de 1950, année de la découverte de cette méthode. Jésus est donc né non pas en l'an 1 de l'ère chrétienne (en fait, plutôt trois ou quatre années auparavant) mais en l'an 1950 B.P. (Before Present). L'usage systématique de ces techniques, qui posent d'ailleurs des problèmes d'une extraordinaire complexité, permet d'affiner considérablement la recherche. Mais il aboutit à dévaloriser les notions d'ère chrétienne, d'ère bouddhique ou d'ère musulmane.

Le temps ne se calcule plus à partir d'un Prophète ou d'un Sage, mais d'un morceau de bois ou d'un vase d'argile. Cette méthode « matérialiste » a plus été utilisée dans l'environnement de Jésus que dans celui du Bouddha. Une fois encore, celui-ci, même si son existence historique n'est pas remise en cause, préserve mieux sa part de mystère.

Sur le toit du monde

Il reste que le bouddhisme et le christianisme ont tous deux su s'émanciper remarquablement des civilisations de leurs fondateurs et ont su prospérer bien loin de leurs terres d'origine. Le christianisme a conquis les déserts d'Éthiopie et la forêt amazonienne, la pampa d'Argentine et la toundra de Russie, les villages d'Afrique et les gratte-ciel de New York. Le bouddhisme s'est implanté dans les rizières de Chine du Sud, les terres à blé de Chine du Nord, la jungle birmane et les steppes mongoles. En désacralisant la nature, en transcendant les cultures, ils ont gagné le Nord et le Sud de la planète, ont joint l'Est et l'Ouest du monde, même si le christianisme conserve, en matière d'universalité, une certaine avance sur le bouddhisme, longtemps handicapé par la fragmentation politique et l'archaïsme économique de l'ancienne Asie.

Amenées à coexister dans les mêmes pays, les deux religions semblent démentir la prédiction de Kipling :

> *L'Orient est l'Orient, l'Occident est l'Occident :*
> *Jamais les deux ne se rencontreront*[4].

Une étonnante rencontre au sommet a déjà eu lieu le 29 mai 1953, lorsque le Néo-Zélandais Edmund Hillary et le sherpa népalais Norgay Tenzing, deux ressortissants du Commonwealth, parvinrent en haut de l'Éverest. La montagne « déesse-mère du monde » (Chomolungma, en tibétain) fut honorée par les deux alpinistes : Hillary, qui se disait athée, y déposa un crucifix confié par un ami ; Tenzing fit cadeau aux divinités bouddhiques de son ultime tablette de chocolat, comme un offertoire tiré des poches. Ainsi étaient célébrés sur le toit du monde Jésus et Bouddha.

3.

Le Ciel

« Le Ciel ne parle pas », disait Confucius, un contemporain du Bouddha. Il expliquait que les vérités ne tombent pas d'en haut : ce qui ne tient pas dans les mots s'exprime par un ordre, celui de la raison, qui nous éclaire au nom du soleil et nous dirige à la place des étoiles. Pour faire régner cet ordre, l'empereur chinois affirme détenir un mandat du Ciel *(Tian)*. En tant que fils du Ciel, il rend un culte dans le Temple du Ciel et interdit au peuple l'accès de la Porte de la Paix céleste (Tian' anmen), près de la célèbre place du même nom. Dans le plus grand pays bouddhiste du monde, le Ciel ne parle pas, mais il commande.

Le taoïsme, autre composante de la religion chinoise, a une vision tout aussi politique du Ciel, qui est peuplé par une hiérarchie céleste disposée autour de l'Empereur de Jade : la bureaucratie du Ciel est à l'image de la Cour impériale, de sa minutieuse étiquette et de ses fonctions spécialisées. Elle sert de modèle respecté, de référence indiscutable aux yeux du peuple croyant, qui prie les fonctionnaires du Ciel de lui accorder un dégrèvement fiscal, un sursis militaire, une pension de retraite, etc. Les bienheureux résident dans des hauteurs sociales et cosmiques :

le chinois appelle « Palais du Ciel » *(Tientang)* le paradis, assimilant la demeure des grands de ce monde au lieu d'une éternelle félicité.

Au Japon, deuxième pays bouddhiste de la planète, l'empereur est le « Souverain céleste » *(Tenno)*, qui gouverne le pays du Soleil-Levant, cette nation qui a dessiné l'astre suprême au centre de son drapeau. Jusqu'en 1945, personne n'avait le droit de regarder le monarque, figure de la lumière éblouissante. Lui seul pouvait chevaucher un cheval blanc et dessiner le chrysanthème sacré aux six pétales. Il ne se montrait pas en public et ne s'exprimait jamais à la radio, vérifiant ainsi la maxime de Confucius.

En Chine comme au Japon, le Ciel est donc un régulateur de l'ordre social, et le bouddhisme n'a pas remis en cause cette vision du cosmos, même si son fondateur n'avait pas songé à un usage institutionnel du firmament. La même remarque vaut d'ailleurs pour le christianisme : Jésus n'a jamais dessiné un organigramme du Ciel auquel il n'a pas non plus demandé de surveiller ou de structurer la terre. Mais l'Église primitive a élaboré toute une théorie du « pouvoir sacré » (traduction du mot grec « hiérarchie ») à partir des chœurs d'anges : sur la Terre comme au Ciel existent neuf niveaux de pouvoir et degrés de prestige. Au Ciel, de haut en bas, siègent les séraphins, chérubins et trônes, les dominations, vertus et puissances et les principautés, archanges et anges. Sur Terre trônent le pape, les évêques, les prêtres, les diacres et sous-diacres, les acolytes, exorcistes, lecteurs et portiers. Tout est organisé selon un rigoureux parallélisme de chaînes de commandement et des courroies de transmission.

Il y a toujours un certain rapport privilégié entre un dieu du Ciel et un « Roi-Soleil ». Mais cette communion entre les choses d'En Haut et le pouvoir d'en bas ne s'établit pas toujours sur les mêmes bases : dans le christianisme, le Ciel est la demeure d'un dieu personnel alors que, dans les religions extrême-orientales, il est le support d'un principe permanent, la clef de voûte d'une harmonie suprême.

Les missionnaires chrétiens ont souvent buté sur cette difficulté et ne parvinrent pas à s'entendre pour traduire par un seul terme le mot « Dieu » en chinois : les jésuites — proches de l'empereur et de son Temple du Ciel — l'appelaient « Maître du Ciel » *(Tianzhu)* et les pasteurs protestants « Seigneur d'En Haut » *(Shangdi)*, titre de l'Empereur de Jade du taoïsme. Et il était encore plus difficile de faire comprendre la notion d'un sauveur, Fils de Dieu et Fils de l'Homme : un dieu à la fois unique et trinitaire, qui siège au Ciel et descend sur terre ; cela ne correspondait pas à l'idéal d'harmonie des Chinois ou des Japonais, habitués à ranger côte à côte les valeurs, les saveurs et les couleurs, tout en évitant soigneusement les confusions.

Yahvé et Indra

Des différences radicales de mode de pensée existaient déjà entre les conceptions du Ciel de Jésus et du Bouddha. Le premier vit au cœur du monothéisme juif, pour lequel Dieu siège au Ciel qu'il a créé. Le second évolue dans le polythéisme hindou, dominé par le dieu Indra (dont le nom signifie « la Force »), qui demeure au mont Meru, l'équivalent indien de l'Olympe.

Le Dieu d'Israël dicte ses Dix Commandements, envoie ses anges puis, disent les chrétiens, son Fils. Le dieu Indra est la source de toute vie, qu'il transmet par la pluie, et de toute force, qu'il manifeste par la foudre et le tonnerre. Yahvé privilégie donc les instructions aux hommes, alors qu'Indra préfère donner des ordres à la nature. Une fois de plus, la religion d'Israël se situe d'abord en fonction de l'histoire, et celle de l'Inde par rapport à la géographie. Yahvé peut certes commander aux eaux de la mer Rouge d'engloutir les chars de Pharaon, mais c'est pour mieux libérer son peuple. Indra se manifeste plutôt comme dieu de la vitalité, de la régénération, et sa puissance réside dans la semence de tous les êtres. Yahvé est un dieu transcendant, Indra un dieu immanent.

Le christianisme ne rompra pas avec la conception du Ciel du judaïsme qui, ultérieurement, sera perpétuée par l'islam : le Dieu de la Bible et du Coran crée le monde, gouverne l'histoire, sauve les hommes. Entre les trois religions issues d'Abraham, l'une des principales questions est de savoir si Jésus est, ou non, le Fils de Dieu, et seul le christianisme répond par l'affirmative. Mais les trois « monothéismes » ont le même Dieu. Cependant, même si on relève une différence non négligeable dans la formulation du Notre Père entre les évangiles de Matthieu et de Luc — le premier parle de « Notre Père céleste » et le second évoque seulement « Père » —, dans les deux textes, Dieu doit faire venir son Règne et, donc, étendre son Royaume à la terre.

Le bouddhisme sera beaucoup plus discret que le christianisme sur le problème de l'existence et de la localisation de Dieu. Le Bouddha historique n'a pas formellement rejeté le panthéon hindou, même s'il a durement combattu ses prêtres, les brahmanes. C'est ainsi que le dieu Indra est fréquemment évoqué dans les récits des existences antérieures du Bouddha, qu'il est représenté sur de nombreuses fresques des temples bouddhiques, également accueillantes à l'égard des trente-trois dieux du panthéon hindou, devenus protecteurs du bouddhisme.

Il est donc tout aussi impossible de considérer le bouddhisme comme une religion « athée » que d'y déceler une foi en un dieu bien défini. La position du Bouddha historique semble assez proche de celle d'Épicure, qui suggérait aux Grecs de ne pas craindre les dieux. Le Bouddha n'a ni rempli ni vidé le Ciel, il s'est d'abord occupé de la Terre et de ses maux.

Clartés célestes et lumières intérieures

Les différences, mais aussi les ressemblances, entre christianisme et bouddhisme se révèlent nettement à propos du thème de la lumière et des ténèbres, si important dans de nombreuses religions.

Pour la Bible, la parole de Dieu est source de lumière : « Que la lumière soit : et la lumière fut », dit le récit de la Genèse. « Je suis la lumière du monde », ajoute Jésus, le Verbe de Dieu. Et celui-ci triomphe de Satan, « le prince des ténèbres », qui se posait en une lumière rivale répondant au nom de Lucifer, mot qui, en latin, signifie le « porte-lumière ».

En créant la lumière une fois pour toutes, le Dieu de la Bible répond à une vieille angoisse de l'homme qui se demande, à chaque hiver, surtout dans les régions où la nuit y est longue, si le soleil va reprendre sa course ascendante. Que se passerait-il *Si le soleil ne revenait pas*, pour reprendre le titre d'un beau roman de Ramuz ? Le monde vivrait des heures sombres, perdrait l'espoir de jours radieux et sombrerait dans un froid mortel.

Pour l'éviter, la religion iranienne avait enfanté Mazda,

dieu de la Lumière (les piles du même nom perpétuent son souvenir) qui, lui-même, laissa la place à Mithra, un dieu solaire qui sera le grand rival de Jésus à l'aube du christianisme. On fêtait au solstice d'hiver la naissance de Mithra, descendu sur terre parmi les bergers. Au IVe siècle, la date de Noël sera fixée au 25 décembre et, à la Nativité de Mithra correspondra celle de Jésus, le Messie que le prophète Malachie appelait le « Soleil de justice ».

Jésus deviendra un « soleil levant sur ceux qui gisent dans la nuit » (Luc, 1, 78), comme dit Zacharie, le père de Jean-Baptiste. Il sera une lumière intérieure, symbolisée par le cierge pascal, car sa Passion et sa Résurrection arrachent l'homme aux ténèbres du péché.

À la différence de Yahvé, le Bouddha historique ne crée pas la lumière du Ciel mais, comme Jésus, il apporte un éclairage intérieur. La méthode est différente : sa lumière est d'origine non divine, mais humaine. Le Bouddha n'est pas, comme saint Paul sur le chemin de Damas, « enveloppé par une lumière venue du ciel » (Actes, 9, 3). Il trouve celle-ci sous un pippal (le *ficus religiosa*, arbre sacré des hindous) en étant l'auteur de sa propre Illumination.

Il obtient l'Illumination, littéralement l'« Éveil » (Bodhi), par la méditation et trouve en lui-même cette clarté universelle qui le fait échapper au désir et à la douleur, accédant ainsi à une connaissance supérieure, qu'il propose d'expliquer à chaque homme. Le Bouddha n'est pas un créateur, mais un précurseur. Il est le premier à avoir trouvé la voie de la délivrance, comme Freud sera le premier à trouver le chemin de l'inconscient. Il se réclame non d'un pouvoir surnaturel, mais de la leçon de l'expérience.

Secours d'en haut

Le surnaturel, ses disciples ne vont pas tarder à le réintroduire. Car, si on trouve en soi la lumière, si on obtient la délivrance par la raison, il n'y a aucune aide extérieure à attendre, aucun miracle à espérer. À qui, par exemple, demander une guérison, le succès à un examen, la réussite en amour ou en affaires ? Sûrement pas au Bouddha, qui verrait dans ces soucis le fruit d'un désir, source de douleur : la seule démarche raisonnable consisterait à lui ressembler, c'est-à-dire à renoncer au désir.

Les bouddhistes se sont donc adressés aux nombreuses divinités ou figures surnaturelles qui peuplaient l'imaginaire des peuples de la région et siégeaient dans les forêts, sur les montagnes ou dans les lacs. Au Japon, la plus célèbre est Fuji, la déesse du Feu, qui trône au sommet du Fuji-San (Fuji-Yama) et fait l'objet de grands pèlerinages. En Birmanie, les divinités supérieures sont les *nat* (génies), dont le sanctuaire principal, au mont Popa, est aussi visité et vénéré que les plus grandes pagodes bouddhistes. En Thaïlande, ces génies font l'objet d'un culte familial et un petit autel leur est réservé dans les maisons pour mieux écarter les esprits malveillants.

Si le Bouddha exige un renoncement absolu, les dieux ne sont pas aussi exigeants et, moyennant quelques offrandes, ils peuvent exaucer des vœux. L'austérité de la morale bouddhique a donc conduit les peuples d'Asie à maintenir leurs croyances ancestrales voire leurs religions constituées — le taoïsme en Chine, le shintoïsme au Japon — et, d'ailleurs, ni le Bouddha ni ses disciples n'ont jamais exigé de leurs auditeurs aucune abjuration. On n'imagine pas, en Bretagne, une église catholique avec un autel druidique. Dans le bouddhisme, une telle proximité ne choquerait pas.

Le bouddhisme s'est aussi efforcé d'intégrer ces génies secourables à sa propre doctrine. Dans le Grand Véhicule (Mahâyâna), c'est-à-dire essentiellement en Chine, au Japon et au Viêt-nam, des « êtres éveillés » *(bodhisattva)* retardent leur entrée dans le nirvâna pour mieux aider leur prochain à y parvenir. Le modèle n'est donc plus le saint *(arhat)* à la vertu exceptionnelle et au comportement « égoïste », entré tout seul dans le nirvâna, mais un être charitable, vivant parmi les hommes ou déjà entré dans un autre monde, et faisant preuve d'une qualité primordiale : la compassion.

Le plus vénéré des ces êtres compatissants est Avalokiteshvara. Son nom signifierait le « Seigneur qui regarde vers le bas », c'est-à-dire vers les misères du monde, et on le représente souvent avec mille bras secourables ou mille yeux attendris. En Chine, ce Bouddha (ou bodhisattva) de la compassion (ou de la miséricorde) s'appelle Guanyin (Kannon, en japonais), un nom signifiant « celui qui regarde les appels », comme s'il pouvait lire sur les lèvres.

Guanyin est représenté sous des traits féminins — « Mme Bouddha », disent parfois les Chinois —, les bras ouverts, dans une posture d'accueil qui évoque beaucoup la Vierge Marie, notamment sous son aspect de Notre-Dame de Miséricorde. Et les Vietnamiens ont assimilé Guanyin à Qan Am, une divinité locale, patronne des marins, dont le culte ressemble à celui de Notre-Dame des Flots.

Guanyin est, comme Marie, la médiatrice par excellence. En revanche, la médiation des saints catholiques n'a pas, véritablement, son équivalent dans le bouddhisme. L'arhat est un exemple pour le fidèle, non un secours. Le bodhisattva est bien un secours, mais il n'est pas parvenu au nirvâna, alors que le saint catholique est au paradis.

Paradis et nirvâna

Le nirvâna est une notion indienne — et pas exclusivement bouddhiste — exprimant la délivrance *(moksha)* de la spirale des renaissances. Il est un sommeil profond, un repos éternel, une « extinction » du désir, celui-ci étant comparé à la passion qui nous enflamme et au chagrin qui nous consume. Pour le bouddhisme, le désir est, selon la formule de Montherlant, « ce feu qui brûle mais n'éclaire pas ». Le nirvâna le met donc sous l'éteignoir et l'heureux bénéficiaire de cette délivrance peut enfin se dissoudre dans l'univers, s'intégrer au cosmos comme le défunt dont on disperse les cendres dans l'océan. Si les différentes écoles du bouddhisme divergent sur certains aspects du nirvâna, toutes sont d'accord pour reconnaître qu'en cet état de cessation de la vie il est impossible de venir en aide aux vivants.

Le paradis chrétien est, au contraire, le lieu d'une pure félicité, où vivait Adam avant le péché et où vivent les morts auprès de Dieu en attendant la résurrection de la chair promise par Jésus-Christ. Le paradis est le parvis — les deux mots sont de même racine — de la résurrection, mais cette vie transitoire n'est pas coupée de l'existence terrestre. La notion et le mot de paradis sont, en effet, empruntés à la langue et à la religion iraniennes, où le paradis est un beau jardin clos de murs : « paradis » vient du persan *pardez*, qui désigne une enceinte, celle du parc d'un seigneur. L'hôte de ce lieu paradisiaque peut donc, contrairement à celui qui accède au nirvâna, faire partager aux mortels un peu de sa béatitude, comme un riche viendrait en aide aux pauvres.

La comparaison entre nirvâna et paradis est encore compliquée par le fait que le bouddhisme possède lui aussi ses paradis, qui sont des lieux d'heureuse renaissance, préférables à ce monde terrestre, mais moins enviables que l'extinction de toute vie, le nirvâna. Une école, très répandue en Chine et au Japon, a fait d'un paradis le pivot de sa doctrine. En effet, selon l'amidisme, il suffit d'invoquer le bouddha Amitâbha — inconnu du bouddhisme primitif — pour renaître dans la demeure de celui-ci, le Paradis de l'Ouest ou Terre pure. Peu importent les mérites et les fautes de chacun : les œuvres ne comptent pas, la grâce d'Amitâbha suffit. La priorité donnée à la grâce et à la foi fait de cette école un bouddhisme protestant.

On est ici aux antipodes du Petit Véhicule (Hînayâna) et de son accumulation de mérites pour devenir un saint (arhat). Avec l'amidisme, parfois appelé « voie facile », on songe à Jésus sur la Croix disant au « bon larron » (un vrai délinquant) : « Avec moi, aujourd'hui, tu seras au paradis » (Luc 23,43). Reste que cet accès presque « gratuit » à la Terre pure n'est que l'avant-dernière étape vers le stade ultime du nirvâna.

Il demeure, enfin, un cas très particulier quant à la perception d'une vie future, celui du zen, un mot issu du chinois *chan*, qui lui même traduit le terme sanskrit dhyâna, signifiant à la fois « méditation », « contemplation » et « concentration ». L'école du dhyâna aurait été fondée par un religieux indien du VIe siècle ap. J.-C., Bodhidharma, dont le nom signifie « l'enseignement de l'Éveil » ou de « l'Illumination ».

Effectivement, les différents courants de cette école indienne, progressivement implantée en Chine puis au Japon, insistent généralement sur l'obtention plus ou moins progressive ou soudaine de l'Illumination. L'essentiel réside non plus dans la patiente quête du nirvâna — position du Petit Véhicule —, mais dans la réalisation rapide d'un état intérieur de « sérénité vécue », de « vérité vivante », qui procure une joie profonde en un « moment intemporel ». En privilégiant le présent par rapport au futur, le zen relègue au second plan la question du salut.

En tant que méthode de concentration, le zen n'est pas spécifiquement bouddhique, et un chrétien peut « faire zazen » en méditant assis. Le zen s'est même construit en réaction à une faiblesse majeure du bouddhisme : l'immensité et la complexité de ses Écritures. Car l'expérience du zen se fait, selon la formulation de cette école, « directement vers l'âme de l'homme », sans « aucune dépendance à l'égard des mots et des lettres » et par une « transmission spéciale en dehors des Écritures ». Le zen s'affranchit du canon que le Petit Véhicule étudie si minutieusement et que l'Occidental est bien en peine de lire en entier, faute de traduction ou de motivation. Par sa négligence des rites et son insouciance du futur, le zen correspond aussi aux préoccupations de l'homme moderne, moins angoissé par son destin dans l'au-delà que par sa condition ici-bas.

Ciel profane

Le bouddhisme, *stricto sensu*, surtout dans le Petit Véhicule, reste beaucoup plus attaché à un étagement des mondes à venir selon une savante métaphysique de la verticalité. Il a, lui aussi, ses enfers ou « lieux inférieurs ». Les enfers bouddhiques *(nâraka)*, issus de croyances brahmaniques, sont dirigés par Yama, le dieu de la Mort des hindous. D'une extrême diversité — certains sont brûlants et d'autres glacés —, ils correspondent moins à des lieux bien définis qu'à divers états de souffrances promis aux hommes ayant un mauvais *karma*, c'est-à-dire un bilan négatif de leurs actes commis en cette vie ou en des existences antérieures. Contrairement à l'enfer chrétien, les enfers bouddhiques ne correspondent pas à une éternelle damnation : on peut en sortir et, une fois le mauvais karma épuisé, renaître dans une existence meilleure. En ce sens, ces enfers sont plutôt l'équivalent d'un sévère purgatoire.

À l'opposé de ces lieux inférieurs, pour exprimer son arrachement aux pesanteurs terrestres et aux bassesses humaines, l'homme a cherché, dans toutes les religions, à se rapprocher du divin et à tendre vers le ciel par des sanctuaires élevés : pyramides des Mayas, minarets des musulmans, clochers des églises ou dômes des pagodes. Dans les pays chrétiens, les plus hauts monuments des villes furent longtemps les flèches des cathédrales, véritables sémaphores de l'âme indiquant le chemin de Dieu. Et l'on pense ici à ce que disait Péguy de Notre-Dame-de-Chartres :

Plus haut que tous les saints, plus haut que tous les rois,
La flèche irréprochable et qui ne peut faillir[1]...

Une compétition rappelant l'épisode de la tour de Babel s'était même engagée entre les grandes cités européennes pour se hisser vers le ciel : en 1889, le plus haut édifice du monde aurait dû être la flèche de la cathédrale d'Ulm, en Allemagne, avec ses 173 mètres. Hélas, à peine achevée, elle était détrônée par la très profane tour Eiffel. Et, désormais, aucun gratte-ciel ne serait plus consacré à Jésus-Christ, la plupart étant dédiés au dieu Dollar, telles ces immenses tours new-yorkaises où l'on brasse les affaires en toisant des églises qui paraissent minuscules.

Dans les pays bouddhistes, la course a suivi la même évolution. Le record s'est longtemps joué entre les pagodes birmanes Schwedagon de Rangoon (110 mètres) et Schwemadaw de Pegu (114 mètres). Un roi birman du XIXe siècle essaya de faire mieux à Migun, mais il ne put jamais achever sa pagode, les caisses de l'État étant vides. Les rois de Thaïlande semblaient avoir définitivement remporté le trophée lorsque fut achevée, voici quelques années, la pagode qu'ils avaient fait construire à Nakhorn Pathom (127 mètres) près de Bangkok. C'était alors le plus haut monument des pays bouddhistes.

Hélas, à peine terminé, le sanctuaire fut dépassé par des tours de télévision et des immeubles de bureau, qui semblent défier les pagodes. Partout en Asie, les villes sont possédées par une frénésie de construction en hauteur, et les records new-yorkais sont en train de tomber. Bientôt, les plus hauts immeubles du monde seront la Chongking Tower (457 mètres) et le Shangai World Financial Center (460 mètres) en Chine, ainsi que la Nina Tower (468 mètres) à Hongkong. Illuminés le soir, ils ressemblent à des cierges géants, à d'immenses bâtonnets d'encens dédiés au dieu Marché, qui est, dans toute l'Asie, la valeur montante. Le ciel d'Orient scintille de mille feux ignorant la lumière du Bouddha.

4.

Les bêtes

Les animaux ont-ils une âme ? À cette question, essentielle dans l'histoire des religions, le christianisme et le bouddhisme n'apportent pas les mêmes réponses. Le premier, comme le judaïsme et l'islam, distingue radicalement l'homme, créé à l'image de Dieu, des autres espèces de la Création. Le second, à l'image de l'hindouisme, considère hommes et bêtes comme des catégories parmi d'autres — les divinités, les démons — où chacun peut renaître à un niveau différent : l'animal, s'il se montre doux, peut espérer renaître homme mais, s'il est cruel, restera animal.

Pour les religions issues de la filiation d'Abraham, Dieu sépare[1] les éléments de son œuvre et, à partir du chaos primordial, il crée des espèces soigneusement étagées, dont la plus élevée est l'homme. Celui-ci peut bien avoir un comportement « bestial », jamais il n'appartiendra à l'ordre animal : si « tout ce qui remue sur terre a souffle de vie », seul l'homme possède un souffle divin, car Dieu « insuffla dans ses narines l'haleine de vie » (Genèse 1,3 et 2,7). L'homme est donc d'essence divine, pas l'animal.

En revanche, l'animal, l'homme et Dieu sont tous les trois des êtres vivants, même si les deux premiers sont mortels. L'Apocalypse de Jean appelle donc Dieu « le Vivant » *(to zôon)* (Apocalypse 4,9) et l'entoure de toute une cour d'animaux : cette zoologie sacrée fait du Christ « le Premier et le Dernier » des vivants, l'alpha et l'oméga de la Création.

Nombre de théologiens ont discuté du statut religieux de l'animal comme de sa responsabilité morale et, au Moyen Âge, on intentait des procès à des animaux ayant causé des dommages à des biens ou à des personnes[2]. Dans une société rurale où l'animal, domestique ou sauvage, était omniprésent, il fallait bien lui trouver une place enviable dans la classification des êtres. On ne pouvait donner une fonction trop modeste au « meilleur ami » ou à la « plus noble conquête » de l'homme, alors que l'animal demeurait la première source de revenus et d'énergie, le premier moyen de transport et d'invasion. Quand, pour une famille pauvre de paysans, la perte d'une vache comptait plus que celle d'un enfant[3], il était bien difficile de ranger les animaux parmi les êtres inférieurs.

Du monstre du Loch Ness à la Bête du Gévaudan, les traditions populaires dotaient bien certains animaux de pouvoirs mystérieux plus ou moins diaboliques dont il fallait se protéger. Jésus n'avait-il pas guéri un démoniaque en le délivrant de son « esprit impur » relégué dans un troupeau de porcs qu'il précipita dans la mer (Marc 5, 13) ? Pourtant, jamais les Églises n'attribuaient, du moins officiellement, la moindre puissance surnaturelle aux animaux. Ceux-ci font partie de la Création et manifestent la gloire de Dieu, comme le rappelle le cantique biblique des trois jeunes gens dans la fournaise : « Bêtes sauvages et bestiaux, bénissez le Seigneur ! » (Daniel 3, 81.)

La Fontaine et l'Inde

Dans l'Inde de l'époque du Bouddha, au contraire, il n'y a pas de différence essentielle entre l'homme et l'animal. Tous deux sont habités par une âme, qui migre de corps en corps à chaque renaissance. Les animaux ont une sensibilité humaine et une capacité de discernement : les « bêtes » sont intelligentes.

L'un des genres littéraires préférés des Indiens est la fable qui illustre des préceptes moraux par les comportements des animaux. En effet, ceux-ci, comme les humains, font le bien ou le mal, obtiennent un karma positif ou négatif, qui décide de leur future renaissance : l'animal est donc, pour l'homme, un modèle à suivre ou à fuir.

Plusieurs de ces fables ou de ces contes ont été connus probablement d'Ésope et certainement de La Fontaine. Parmi les œuvres de celui-ci, sont d'inspiration indienne, entre autres : « Les Deux Perroquets, le Roi et son Fils » (livre X, 11), « Le Marchand, le Gentilhomme, le Pâtre et le Fils du roi » (livre X, 15), « La Tortue et les Deux Canards » (livre X, 2), « L'Âne vêtu de la peau du Lion » (livre V, 21). Le public français, sans croire à la transmigration des âmes, a pourtant été touché par les accents de vérité qui émanent de ces récits et montrent d'étranges similitudes entre comportements humains et animaux.

Certaines espèces sont plus respectées, voire vénérées, que d'autres. Outre la vache sacrée, on peut citer le cheval, parfois volant, qui conquiert le monde par ses chevauchés fantastiques. Le serpent, qu'on peut toucher sans dommage, est une sorte de symbole de l'interdit et aussi de la régénération, grâce à sa peau qui tombe durant la mue : le célèbre cobra, servant de parapluie au Bouddha en méditation, atteste de sa popularité.

L'ennemi du serpent, l'oiseau, est vénéré en tant que messager, porteur de nouvelles mais aussi de semences qu'il picore et transporte. Le plus célèbre des oiseaux est Garuda, le vautour qui porte sur ses ailes le dieu Vishnou — de nos jours, il a donné son nom à la compagnie aérienne indonésienne. Dans le Grand Véhicule, des fresques représentent Garuda en tant qu'animal — support d'un bouddha de la méditation, Amoghasiddhi, littéralement « celui qui atteint son objectif sans se troubler ».

Le singe, qui vit souvent en liberté dans les villes indiennes, est apprécié pour sa malice et son agilité grâce auxquelles Hanumân, le chef de l'armée des singes, a aidé le roi Râma à conquérir Lankâ (l'île de Ceylan). Cet épisode majeur de l'épopée hindoue du *Râmâyana* a laissé des traces dans le bouddhisme, qui a un préjugé favorable à l'égard des singes. L'un de ces animaux serait d'ailleurs à l'origine du peuple tibétain, grâce à son accouplement avec une diablesse des rochers.

L'éléphant tient une place aussi importante que le serpent d'autant qu'en sanskrit, un même mot *(nâga)* désigne les deux animaux. Ce pachyderme — sous le nom de Ganesh, le fils de Shiva, figure extrêmement populaire dans toute l'Asie —, indispensable aux travaux de force et très utile à la guerre, est la monture du dieu Indra. Ganesh est « celui qui enlève les obstacles », déplace comme l'éléphant un tronc d'arbre avec sa trompe. Il joue aussi un grand rôle dans la mythologie bouddhique, car le Bouddha aurait été conçu par un éléphanteau blanc — symbole de pureté — à six défenses — gage de force — et à la tête décorée de rouge — couleur du sang et de la vie.

Animé et inanimé

L'importance de l'animal dans le bouddhisme et l'hindouisme n'est pas propre à ces religions. Elle est encore plus grande dans l'animisme, où l'animal totem — et, parfois, l'arbre totem — devient le protecteur du clan, l'objet d'un culte et la source d'un tabou.

Nous sommes habitués, en Occident, à une nette distinction entre l'homme et les animaux comme entre le règne animal, végétal et minéral. Sous une forme poétique, Lamartine avait essayé de transcender ces différences :

Objets inanimés, avez-vous donc une âme
Qui s'attache à notre âme et la force d'aimer[4] *?*

Dans un élan panthéiste, l'écrivain romantique était à la recherche de ce « Vaste océan de l'Être où tout va s'engloutir[5]. »

Une telle conception fusionnelle des éléments s'accorde bien aux religions indiennes qui divinisent la nature, notamment les fleuves et les montagnes. Au sommet, trône l'Himâlaya (littéralement, le « séjour des neiges »), où habite Chomolungma la « déesse-mère du monde », nom tibétain de l'Éverest.

Dans un mouvement lyrique, saint François d'Assise ne craignait pas nom plus d'établir une parenté entre l'homme et la nature en s'exclamant :

Loué sois-tu, Seigneur, pour nos sœurs la Lune et les étoiles...
Loué sois-tu, Seigneur, pour notre sœur l'eau...
Loué sois-tu, Seigneur, pour notre mère la Terre.

Mais le *poverello* écrivait ces vers dans un *Cantique des créatures* qui faisait de chaque élément un « signe du Très-

Haut », non une parcelle de divinité, encore moins une composante du genre humain.

L'histoire des langues montre que la distinction entre les règnes ne s'est pas toujours située sur le même plan qu'aujourd'hui. Dans les langues indo-européennes, dont font partie le sanskrit (langue sacrée des brahmanes) et la mâgadhî (dialecte du Bouddha), la distinction des genres masculin et féminin est relativement récente. Auparavant, probablement jusqu'au début du Ier millénaire av. J.-C., elle n'existait pas, et ces langues comprenaient deux genres : l'animé et l'inanimé.

L'inanimé, ancêtre de notre neutre, servait pour les objets inertes. L'animé était utilisé pour les humains, les animaux, les végétaux et les astres, c'est-à-dire pour tout ce qui bouge ou croît. Ce mouvement ou cette animation était la caractéristique commune de ces éléments dont la mobilité témoigne de la vie.

De même, entre singulier et pluriel existait un duel[6], attesté en grec et en hébreu, ces deux langues bibliques pourtant si dissemblables. Le duel désignait tout ce qui va par deux et trouvait son origine dans la symétrie du corps de l'homme et des animaux : deux jambes, deux pattes avant, une paire d'yeux, etc. La grammaire rapprochait ainsi l'homme et l'animal par cette référence à leur symétrie corporelle ; d'ailleurs, le duel disparut dans les civilisations urbaines, lorsque les citadins n'eurent plus de contact quotidien avec leurs « frères inférieurs ».

La bête humaine

L'histoire des mots va plus loin et tend à rapprocher l'animal de l'univers spirituel. « Âme » et « animal » sont deux mots de même racine, issus du latin *anima*, un terme qui désigne l'air en tant que principe vital, ou le souffle de vie. Celui-ci « anime » tous les êtres ayant des poumons, y compris les animaux, jusqu'à la mort, ce dernier souffle.

En hébreu, en grec comme en latin, c'est-à-dire dans les langues bibliques et patristiques, la spiritualité et la respiration (deux mots issus du latin *spirare*, « respirer ») sont associées : la pneumatologie, science de l'Esprit, est une métaphore de la pneumologie. En hébreu, un même mot *(rûah)* désigne l'Esprit et le vent. Le vent de l'Esprit est un renouvellement, une oxygénation de l'être humain.

L'homme, écrit saint Paul, a été « semé corps animal » et « ressuscité corps spirituel » : « ce qui est premier, c'est l'être animal ce n'est pas l'être spirituel ; il vient ensuite » (1 Corinthiens 15, 46). L'homme est, telle la Bête humaine de Zola, d'abord habité par les besoins de la nature, avant que l'Esprit de Dieu en fasse un « deuxième homme » qui, lui, « vient du ciel ».

Soi et non-soi

Dans la pensée indienne, il n'y a pas un dieu transcendant pour élever la nature de l'homme. Celui-ci est certes, comme dans la pensée occidentale ou proche-orientale, d'abord mû par le souffle : dans l'hindouisme, un même mot *(âtman)* désigne le souffle et l'âme, ce Soi profond et permanent, réalité ultime de l'être humain. Cette âme individuelle doit s'efforcer de se fondre dans l'universel *(brahman)*. Mais, si cette fusion avec le cosmos échoue, l'homme repart pour une nouvelle existence, et son âme pourra se retrouver dans un corps animal.

Dans le christianisme, l'homme peut s'élever vers Dieu,

mais non redescendre après sa mort au niveau de l'animal. Dans l'hindouisme, il peut tout aussi bien réussir à faire coïncider son âme individuelle avec un grand Tout collectif que retomber au stade animal, où la conscience n'est pas suffisante pour opérer cette jonction.

Le bouddhisme modifie ce schéma puisqu'il ne postule pas l'existence d'une âme : « Soi et non-soi, c'est pareil, Être et non-Être, c'est pareil », dit le Bouddha dans ses Sermons. Dès lors, le problème de l'âme ne se pose pas plus pour les animaux que pour les hommes. Quand l'hindouisme parle de samsâra pour désigner la migration des âmes, le bouddhisme utilise le même mot au sens de « spirale des existences ». L'âme ne renaît pas, mais l'existence recommence.

Toutes les existences (en sanskrit, *gati)* ne se valent pas. Les bouddhistes reconnaissent six conditions d'existence. Trois sont dites inférieures, car dominées par le désir : celle des animaux, des esprits affamés *(preta)* et des habitants des enfers *(nâraka)*. Trois sont supérieures : celles des hommes, des dieux *(deva)* et des Titans *(asura)*, ces derniers n'étant pas toujours mentionnés par les écoles du Petit Véhicule. Mais la meilleure condition est bien celle de l'homme dont le sort est préférable à celui des dieux puisque lui seul peut accéder au nirvâna et être délivré du fardeau de l'existence.

La fin des sacrifices

Christianisme et bouddhisme ont accompli une même révolution dans le rapport de l'homme à l'animal : la suppression des sacrifices, si importants dans le judaïsme comme dans l'hindouisme.

Depuis que Dieu a arrêté le bras d'Abraham sur le point d'égorger son fils Isaac, le peuple d'Israël utilise l'animal commc substitut aux sacrifices humains. Il offre des holocaustes, c'est-à-dire des « brûlages entiers » pratiqués matin et soir dans le Temple de Jérusalem et lors de nombreuses fêtes. L'activité sacrificielle culmine durant la Pâque, une ancienne fête du printemps qui commémore la sortie d'Égypte : taureaux, veaux, moutons, boucs passent de vie à trépas par centaines de milliers. L'historien Flavius Josèphe recense, en 66 ap. J.-C., 255 600 victimes, dont le sang forme un immense fleuve qui lave des péchés.

Vingt mille prêtres et lévites officient dans cette activité rituelle et, lorsque Jésus prétend détruire le Temple pour le rebâtir en trois jours, il promet donc le chômage à toute une corporation. On peut voir aussi, dans son hostilité à l'égard des marchands du Temple, ces commerçants qui prospèrent grâce aux sacrifices, l'une des causes de sa condamnation à mort.

Car Jésus entend préparer une nouvelle Pâque, donner à manger sa propre chair et son propre sang en rémission des péchés : le Christ, Agneau de Dieu, ayant été immolé une fois pour toutes, il n'est plus besoin d'égorger des animaux. Il s'agit là d'un tournant majeur dans l'histoire des religions, même si l'Islam, sans en faire une obligation légale, a repris la tradition juive des sacrifices avec la fête du Mouton qui clôt la période du ramadan.

L'Inde du Bouddha avait, comme Israël, remplacé les sacrifices humains par les sacrifices d'animaux. Dans la religion védique, instituée par les Indo-Européens, on offre aux dieux des parfums, des aliments ou des bêtes comme le bouc, le bœuf, l'âne, le chien ou le cheval. Ces offrandes, qui permettent d'obtenir la santé, la prospérité, la fécondité et la longévité, sont traitées, selon un rituel minutieux, par des brahmanes. Ceux-ci tirent de ces liturgies sacrificielles une bonne partie de leur prestige et de leurs privilèges.

À l'époque du Bouddha, des réactions se font jour contre cette religion formaliste : un peu partout, des ascètes prêchent le sacrifice intérieur, le renoncement au monde plutôt que l'égorgement de victimes innocentes. Par un complet retournement, l'animal fait l'objet d'une protection absolue, et la réforme jaïniste, contemporaine du bouddhisme, interdira tout meurtre d'être vivant : aujourd'hui encore, les jaïns rigoureux se promènent avec un masque devant la bouche pour ne pas avaler de moucherons.

Le Bouddha, moins intransigeant, préfère recommander les bons traitements à l'égard des animaux. Un texte canonique, le sûtra de la bonté, exige la douceur à l'égard des bêtes et forme des vœux de bonheur pour « tous les êtres vivants qui existent, mobiles et immobiles, sans exception, qu'ils soient longs et grands, moyens ou courts, minces ou gras ».

En principe, la première des dix prescriptions du bouddhisme est de « ne pas détruire la vie ». Appliquée strictement, elle conduit à un régime végétarien et à l'interdiction de tout abattage : certains monastères ont même ouvert des maisons de retraite pour vaches ou des étangs de repos pour poissons. Mais la plupart des bouddhistes ne se montrent pas aussi rigoureux et mangent de la viande. Le Bouddha historique est d'ailleurs mort, selon la Tradition, d'une indigestion de porc avarié.

En revanche, le Bouddha s'est montré très ferme dans sa réprobation des sacrifices : « Il est facile de tuer mais impossible de donner la vie, il s'ensuit que les sacrifices sont inutiles », dit-il aux brahmanes. Il est vrai que ceux-ci offraient des victimes pour plaire aux dieux, une activité qui n'a plus aucun sens dès lors que ces dieux sont réputés impuissants pour faire cesser la douleur. Aux sacrifices d'animaux, le Bouddha substitue donc le renoncement personnel : il faut à la fois préserver la vie et tuer le désir.

Calendrier animal

En principe, le bouddhisme ne sacrifie ni ne sanctifie l'animal : celui-ci est respecté comme tout être vivant qui participe à la spirale des existences. Certains pays bouddhistes ont cependant redonné une signification magique aux bêtes. Ainsi, la tradition chinoise place chaque année nouvelle sous le signe d'une espèce parmi un lot de douze, par allusion à un récit de la mort du Bouddha : avant de disparaître, celui-ci aurait invité tous ses amis animaux à ses adieux. Seuls, douze d'entre eux auraient répondu à l'invitation, et le rat, très malin, aurait été le premier à se présenter. L'année du Rat, qui tombe en 1996 et retombera en 2008, est donc particulièrement faste.

En Birmanie, chaque jour de la semaine correspond à un animal, dont on offrira une effigie en cire au temple. Lundi est dédié au tigre, mardi au lion, mercredi à l'éléphant, jeudi au rat, vendredi au cochon d'Inde, samedi au cobra et dimanche au galon, un être hybride mi-mammifère, mi-oiseau. Une telle croyance s'enracine moins dans une croyance bouddhique que dans les vieilles traditions de sacralisation de la nature issues de la pensée indienne, moins exclusivement centrée sur l'homme que la nôtre.

Cette pensée indienne a curieusement pénétré en Occident au cœur d'une institution chrétienne, le scoutisme. Scouts et louveteaux s'inspirent du *Livre de la jungle* de

Rudyard Kipling, utilisé comme une pédagogie de la nature par Baden-Powell, fondateur du scoutisme et ancien général de l'armée des Indes.

Les louveteaux s'identifient donc à Mowgli, la « grenouille », à la fois enfant sauvage et « petit d'homme ». Ils obéissent aux cheftaines Akéla, la louve, Bagheera, la panthère, ou Baloo, l'ourse. Cette personnification des animaux, comme celle de La Fontaine, est un ultime avatar de la divinisation de la nature. Qu'elle n'ait pas choqué les aumôniers scouts montre que, sous une forme symbolique du moins, certaines croyances de l'Inde peuvent s'intégrer à celles de l'Occident. Et, lorsqu'on réintroduit avec force subventions des ours dans le « sanctuaire » du parc des Pyrénées, les grands enfants que nous sommes peuvent à nouveau vivre avec Baloo.

5.

Les peuples

La notion de peuple recouvre plusieurs réalités que la langue française exprime par le même mot. Le grec — la langue du Nouveau Testament —, plus subtil, dispose de trois termes : *laos* (d'où vient « laïcité »), *dèmos* (qui a donné « démocratie ») et *ethnos* (d'où dérive « ethnie »). *Laos* est le peuple en foule, *dèmos*, le peuple réparti en circonscriptions et *ethnos*, le peuple dans son identité nationale.

Laos est un des mots favoris du Nouveau Testament, où il apparaît 142 fois. Car Jésus s'adresse à la foule et non à une élite. C'est devant « la foule de ses disciples et la multitude du peuple » qu'il prononce son discours des Béatitudes : « Heureux, vous, les pauvres, car le Royaume de Dieu est à vous ! » (Luc 6,20.)

Peut-être même son discours avait-il une portée sociale et politique, voire révolutionnaire. Si l'on essaye de traduire le texte grec des Béatitudes dans la langue de Jésus (l'araméen, proche de l'hébreu) et avec les tournures de l'époque, on pourrait obtenir une formule comme : « En marche, les humiliés ! » C'est du moins l'expression qu'a retenue André Chouraqui dans sa version de la Bible. Les exégètes américains du Séminaire de Jésus adoptent une solution intermédiaire : « Félicitations (*congratulations*, en anglais) les pauvres, car le domaine de Dieu est à vous. » Il ne s'agit plus d'une « marche des pauvres », mais de leur récompense promise sous la forme vague d'un domaine plutôt qu'avec l'image prestigieuse du Royaume.

Dans tous les cas, Jésus parle d'abord au peuple et ne cesse de promettre des malheurs aux riches, car « il est plus facile à un chameau de passer par un trou d'aiguille qu'à un riche d'entrer dans le Royaume de Dieu » (Matthieu 19,23). Il préfère, tout en s'invitant à la table de gens aisés, s'adresser aux passants, à ces anonymes dont les évangiles se plaisent à souligner le grand nombre : les quatre « bonnes nouvelles » (ce qui signifie, étymologiquement, « Évangile »), pour une fois unanimes, fixent à cinq mille hommes le public de la multiplication des pains. Il est clair que Jésus ne prêche pas à une élite et qu'il ne fonde pas une chapelle.

Peut-on en dire autant du Bouddha ? Il fréquente des gens d'une position sociale élevée : le roi du Magadha, Bimbisâra, est son ami ; « un fils de bonne famille nommé Yaçaskara » est l'un de ses premiers disciples. Issu d'une caste élevée, celle des guerriers et des chefs *(kshatriya)*, le Bouddha n'est pas hostile à son milieu d'origine, même s'il a quitté le palais de son père pour enseigner la voie de « cessation de la douleur ».

Mais le Bouddha s'adresse aussi aux hommes et aux femmes des autres castes[1]. Il pourrait se satisfaire de la vieille complicité védique entre les hommes de pouvoir — les kshatriya exercent le pouvoir temporel ou *kshatra* — et les hommes de prière, les brahmanes. Il préfère appeler à lui tous les Indiens, quelle que soit leur naissance.

Comme son quasi-contemporain Mahâvîra, le fondateur du jaïnisme, le Bouddha ne s'intègre pas dans un système social dont le cloisonnement est le paravent d'une domination. Il ne jette pas pour autant l'anathème sur une organisation de la société à laquelle les Indiens sont sinon attachés, du moins soumis.

Le Bouddha préfère simplement donner la priorité au mérite sur la naissance. Alors qu'il était épuisé par ses jeûnes, un modeste chevrier lui aurait fait boire du lait, directement au pis de la chèvre. Et le Sage se demanda : « Comment un homme de si basse extraction, qui n'appartient à aucune caste, a-t-il pu avoir une pensée aussi charitable ? » La charité prime donc la filiation : « On reconnaît un vrai brahmane à ses actes, non à sa naissance. »

Selon la Tradition, les premiers moines bouddhistes eurent le crâne rasé par un barbier de basse caste, Upâli, qui put, à son tour, rejoindre le monastère et participer à la quête du nirvâna. Le Bouddha, lui-même, fréquente des gens appartenant aux castes dominées, notamment des shudras (serviteurs) et des parias (intouchables). Depuis le début de sa prédication, il a infléchi sa marche vers l'Est de l'Inde, dans une région où la population dravidienne, asservie par les Aryens, ne pouvait accéder aux trois castes principales des prêtres, des guerriers et des producteurs.

Un jour, le Bouddha aurait demandé à une paria de lui servir à boire. Celle-ci aurait refusé, à cause de son « impureté », et le Sage répondit : « Femme, je ne te demande pas quelle est ta caste, mais seulement de me donner un peu d'eau. » On croirait entendre le dialogue entre Jésus et la Samaritaine, la femme aux cinq maris : « Femme, donne-moi à boire. »

À ce système de castes et de sous-castes fondé sur la couleur *(varna)* de la peau et sur la naissance *(jati)*, le Bouddha préfère la compassion à l'égard des autres et la pauvreté pour soi-même. Le symbole de la religion ne sera plus le cordon sacré des brahmanes, mais le bol à aumônes des moines.

Fils de rois

Jésus et Bouddha sont « fils de rois ». C'est du moins ce qu'affirment les Écritures. Pour Jésus, sa généalogie en fait, selon les évangiles de Luc et de Matthieu, un descendant de David. Et la foule des Rameaux crie : « Hosanna au fils de David ! » ; « Béni soit le roi d'Israël ! » (Matthieu 21,9 et Jean 12,13). D'un fils de roi, on attend qu'il succède à son père même si celui-ci, David, a régné mille ans plus tôt. Jésus devra donc recevoir l'onction royale et devenir Christ ou Messie, deux mots qui signifient « oint ».

Bouddha est le fils de Shuddodana Gautama, râja du clan des Shâkya. Son père n'est pas un grand râja (mahârâja). Est-ce un roi ou un élu ? Peut-être les deux, car l'Inde du Nord connaît alors un système politique combinant probablement la monarchie élective et la république aristocratique : le chef de clan ou « roi » est désigné par un groupe d'anciens et doit gouverner en prenant leurs avis.

Les Écritures ont souvent enjolivé la jeunesse princière du Bouddha dans son fastueux palais. Des commentateurs ont pu être impressionnés par ce titre de râja, d'où dérivent la plupart des mots désignant le roi ou le royaume dans les langues indo-européennes : en allemand, *reich* ; en latin, *rex* ; en français, *roi*, etc. On peut seulement dire que Shuddodana appartenait à une caste de chefs comme on parle aujourd'hui de clan du pouvoir ou de caste de technocrates. Et, naturellement, le fils devait s'intégrer à son milieu, reprendre la charge de son père ou accepter une responsabilité comparable. Ce que Bouddha, en « mauvais fils », refusa pour aller prêcher une réforme sociale et morale qui le mettait en dehors du système.

Et, comme Jésus décevra les Juifs espérant un roi-messie, Bouddha décevra les brahmanes qui attendent un vrai kshatriya : les prêtres veulent un roi pour sceller ce qu'on appellerait aujourd'hui une alliance du sabre et du goupillon. Un brahmane appelé Kudanta interpelle donc l'ex-prince Gautama : « On m'a dit que tu es un Bouddha, c'est faux, car, si tu étais vraiment un Bouddha, tu ne te présenterais pas devant nous vêtu comme un ascète mais dans toute ta gloire, comme un grand roi universel *(chakravartin)* ! »

Ni Bouddha ni Jésus ne vivaient dans des institutions démocratiques, où le peuple choisit ses dirigeants, et ils ne les ont pas préconisées dans leur enseignement. Mais ils refusèrent aussi le pouvoir personnel. Jésus n'a pas accepté la monarchie de droit divin qui lui était proposée aux Rameaux s'il voulait bien monter sur le trône de David. Bouddha renonce à l'héritage paternel de chef de clan et met un terme à la lignée des Gautama : il a bien un fils, Râhula, mais celui-ci entrera au monastère et, soumis à la règle du célibat, ne pourra donc engendrer. Râhula deviendra non un roi, mais un saint (arhat). Et, dans le bouddhisme, comme d'ailleurs dans le catholicisme, les saints — à quelques rares exceptions près — n'ont pas d'enfants.

L'immigré et l'esclave

Par rapport au peuple en tant qu'ethnie, Jésus et Bouddha adoptent la même attitude : sans renier leur identité nationale, ils lancent un message universel.

Jésus est un Juif, circoncis à l'âge de huit jours, nous dit l'évangile de Luc (2,21). Il fréquente les synagogues, écoute les enseignements des maîtres de la Loi, mais interprète celle-ci librement, notamment en rompant le repos du shabbat pour prêcher et guérir. Saint Paul aussi condamnera une lecture littérale de la Loi nationale, car « la lettre tue, mais l'Esprit vivifie » (2 Corinthiens 3,6).

Paul de Tarse, un Turc de langue grecque et de citoyenneté romaine, de religion juive et de résidence syrienne (à Damas) sera donc l'apôtre cosmopolite d'une religion universelle. Il affirme qu'il n'y a plus ni Juif ni Grec, que Dieu a appelé non seulement les Juifs mais encore les païens pour qu'ils bénéficient de ses « vases de miséricorde ». Dès lors, toutes les nations peuvent entendre la Bonne Nouvelle, selon le mot du prophète Osée : « Celui qui n'était pas mon peuple, je l'appellerai Mon peuple » (Romains 9,25 et Osée 2,25).

Il convient toutefois de ne pas trop durcir l'opposition entre un christianisme universel et un judaïsme purement national. En effet, la religion d'Israël, du moins dans ses formes les plus anciennes, permettait aux étrangers de s'associer au culte : « Vous aurez un seul rituel pour vous et pour l'émigré », dit le Seigneur à Moïse (Nombres 15,16). Il s'agit là d'un vieux souvenir de l'époque où les Juifs étaient aussi des émigrés et même des déportés à Babylone. Cette ouverture de culte à tous les résidents constitue une différence majeure par rapport aux religions grecque et romaine, dans lesquelles les sacrifices sont accomplis par les seuls citoyens, hors de la présence des étrangers — les métèques — et des esclaves.

Au contraire, le christianisme naissant s'ouvrira largement aux étrangers. Pour ne pas « accumuler les obstacles devant ceux qui se tournent vers Dieu » (Actes 15,19), le concile de Jérusalem (vers l'an 50) décidera d'admettre les incirconcis, c'est-à-dire les non-Juifs, au sein de l'Église. On leur évite ainsi une opération douloureuse, alors réalisée sans anesthésie.

Mais cette ouverture ne remet pas en cause les traditions nationales ni même les ségrégations sociales. Le Juif devenu chrétien ne devra pas avoir honte de sa coutume, symbole de l'Alliance entre Dieu et son peuple : « Qu'il ne dissimule pas sa circoncision » (1 Corinthiens 7,18). L'esclave ne devra pas chercher à s'affranchir : « Alors même que tu pourrais te libérer, mets plutôt à profit ta condition d'esclave » *(ibid.)*. De même que le bouddhisme primitif n'a pas officiellement supprimé les castes, le christianisme antique n'a pas aboli l'esclavage[2].

La foule des moines

Par la suite, christianisme et bouddhisme deviendront les religions de peuples très nombreux, contrairement au judaïsme, qui restera la mémoire vivante de l'histoire d'un peuple unique, et à l'hindouisme, qui sera le signe religieux d'une identité nationale. Le christianisme se voudra « catholique », au sens grec du terme, c'est-à-dire « universel ». Sans atteindre une même dimension, le bouddhisme deviendra largement pluri-ethnique, si l'on songe à l'extrême diversité des populations chinoises et indochinoises : entre un Cinghalais, un Birman, un Thaï, un Khmer, un Viet et un Han, il y a autant de différences qu'entre un Brésilien et un Scandinave. Ces populations bouddhistes ont d'abord appartenu aux ethnies majoritaires : les populations minoritaires (Karen en Birmanie, Hmong au Viêt-nam, Lawas en Thaïlande, etc.), souvent situées dans des régions de montagne, ont conservé plus longtemps leurs traditions animistes.

Mais gagner des peuples est-ce s'ouvrir aux masses ? Une religion cosmopolite est-elle égale pour tous ou s'appuie-t-elle sur une « élite morale » ? Bouddhisme et christianisme apportent à cette question deux réponses très différentes.

En un sens, le bouddhisme est la moins laïque des religions et la plus « cléricale » : il compte aujourd'hui autant de religieux (environ 800 000) que le christianisme pour un nombre de fidèles quatre fois plus faible. Avant l'arrivée du communisme en Chine et en Indochine, les moines étaient cinq à six fois plus nombreux et, au Tibet, ils ont représenté jusqu'à 30 % de la population masculine. Aujourd'hui encore, certains monastères de Mandalay comptent 2 000 moines, cinq fois plus que Cluny à son apogée.

Cette abondance de religieux n'est pas un hasard. Le Bouddha s'est adressé surtout à des hommes de prière et de méditation, mieux à même de parvenir à l'objectif suprême du nirvâna. Son assemblée de disciples a formé le *Sangha*, littéralement la « foule », qui est l'un des Trois Joyaux (ou Refuges) du bouddhisme avec le Bouddha et le *Dharma* (enseignement du Bouddha). Quand Jésus interpelle des passants, le Bouddha prêche à des moines, même s'il n'exclut pas les laïcs de ses sermons.

Ceux-ci sont des *upâsaka*, littéralement, des « assistants », qui, dans le Petit Véhicule (Hînayâna), ont pour fonction principale de subvenir aux besoins des moines et du culte. Dans le Grand Véhicule (Mahâyâna), où l'accès au nirvâna est moins difficile, les laïcs jouent un rôle plus important et comptent dans leur rang les bodhisattva qui, morts ou vivants, sont à leur façon des « assistants », puisqu'ils aident les fidèles à obtenir leur Délivrance.

Pour des raisons historiquement mal élucidées, le Sangha est principalement masculin. Nul ne sait au juste si le

Bouddha était misogyne ou si cette méfiance à l'égard des femmes est à mettre au compte de ses disciples, voire, plus simplement, des coutumes de l'époque. Toujours est-il qu'aujourd'hui encore les nonnes, dix fois moins nombreuses que les moines, jouent un rôle relativement faible dans le Sangha et sont soumises à des statuts assez divers. Le monachisme féminin s'est surtout répandu dans les pays de civilisation chinoise, où il a permis à des femmes de sortir de leur condition sociale inférieure.

Il y a là une différence importante par rapport au christianisme et, notamment au catholicisme, dans lequel les religieuses ont généralement été plus nombreuses que les religieux. Il est vrai que, dès le Ier siècle, les jeunes Églises se sont beaucoup appuyées sur les vierges et les veuves, ces femmes célibataires alors méprisées. Cette audience féminine fut même l'une des causes du succès du christianisme, alors que la principale religion concurrente de l'époque, le culte iranien de Mithra, était réservée aux hommes. Et, de Blandine de Lyon à Catherine d'Alexandrie, nombreuses furent les vierges martyres, historiques ou légendaires, dont le culte populaire fit des héroïnes de la résistance à Rome et au démon.

Nation et Église

L'existence d'un clergé nombreux a obligé le bouddhisme et le christianisme à se doter d'une organisation interne, elle-même conçue d'après une vision plus ou moins centralisée et plus ou moins autoritaire de la société humaine.

Le bouddhisme primitif, en réaction contre la forte hiérarchisation de la société indienne, se voulait égalitaire, la seule préséance reconnue à un moine étant celle de l'âge. Il n'existait pas de gouvernement central du Sangha, et chaque monastère bénéficiait d'une large autonomie. Des écoles rivales se formaient donc, et on a pu en dénombrer une trentaine dont une seule, celle du Theravâda (littéralement la « doctrine des anciens »), a survécu pour former ce que ses adversaires, adeptes du Mahâyâna, ont péjorativement appelé le Petit Véhicule (Hînayâna).

Cette absence d'autorité suprême a favorisé l'émiettement du bouddhisme en de multiples écoles — à tort appelées « sectes » —, un peu comme l'absence de pape a facilité la division du protestantisme en de nombreuses Églises. Aujourd'hui, le Japon compte ainsi plus de cent soixante écoles, chacune ayant sa propre hiérarchie.

Dans de nombreux pays, les nécessités pratiques et les pressions gouvernementales ont néanmoins conduit les monastères à se regrouper à l'échelon national. En Birmanie, en Thaïlande, au Viêt-nam et en Corée, il existe donc une organisation nationale, dont les responsables sont désignés par leurs pairs avec l'accord des autorités civiles. Il y a ainsi un Sangha birman, un Sangha thaïlandais, etc. Cette symbiose entre nation et Église rapproche également le bouddhisme du protestantisme, qui a son Église d'Angleterre, son Église réformée de France, etc., en application du vieux principe : « Telle région, telle religion » *(Cujus regio, cujus religio).* Mais on peut également voir dans ces bouddhismes nationaux un équivalent des Églises orthodoxes autocéphales (de Russie, d'Ukraine, etc.) dont l'autonomie vise à mieux conjuguer traditions nationales et autorité doctrinale. Les pays ayant le mieux conservé leur identité, comme la Birmanie, sont d'ailleurs ceux où le Sangha est le plus respecté et joue un peu le rôle de conservatoire des us et coutumes.

Cette dimension nationale accroît la dépendance du Sangha à l'égard des autorités politiques. En Thaïlande, le roi est le protecteur de la foi bouddhiquc ; c'est lui qui nomme le Grand Vénérable, responsable religieux suprême pour le pays. En Birmanie, les monastères sont coordonnés par un conseil de quarante-sept grands moines, dont la désignation est surveillée de près par le gouvernement. Celui-ci, actuellement contrôlé par les militaires, se sert d'ailleurs du bouddhisme à des fins partisanes : après avoir fait promener dans tout le pays une réplique de la dent du Bouddha, il édifie, à Rangoon, une immense pagode pour abriter la précieuse relique et, par la même occasion, pour augmenter le prestige du régime auprès du peuple avec la complicité du Sangha birman.

La confusion entre pouvoir temporel et spirituel a été poussée plus loin encore au Tibet où, de 1577 à 1959, le pays était dirigé par un dalaï-lama, un titre attribué, au départ, par l'empereur mongol Altan Khan. Le dalaï-lama a été ultérieurement assisté par un panchen-lama. Après leur mort, les deux responsables se réincarnent dans des enfants qui seront choisis d'après des signes divinatoires, même si ce mode de désignation est totalement étranger à la tradition bouddhiste. Cette théocratie traditionnelle n'est pas sans rappeler celle du pape qui, jusqu'en 1870, possédait des États, dits pontificaux. L'actuelle colonisation du Tibet par la Chine, avec ses erreurs et ses horreurs, laisse entier le problème de la liberté religieuse et civile de ce pays, même si le dalaï-lama s'est engagé à consulter par référendum le peuple tibétain sur ses institutions futures.

Une autre pratique bouddhique peut évoquer l'histoire du catholicisme : le népotisme. Jusqu'en 1929, où ils se regroupèrent en une association bouddhiste nationale, la plupart des monastères chinois étaient indépendants : ces

« temples héréditaires » appartenaient à un moine qui les transmettait ensuite à un « fils » spirituel qu'il avait ordonné. Au Tibet comme au Sri Lanka, des monastères pouvaient même rester la propriété d'une même famille, l'abbé transmettant son bien à un neveu, selon un système qui n'est pas sans rappeler les « bénéfices » ecclésiastiques de l'Ancien Régime, grâce auxquels une abbaye faisait partie du patrimoine d'un individu au même titre qu'un château ou une chasse.

Hiérarchie et communion

Autant le bouddhisme, malgré la diversité de ses écoles, s'est toujours organisé autour de la communauté des moines, autant les différentes branches du christianisme se sont situées par rapport au peuple des fidèles, à son animation spirituelle comme à son contrôle doctrinal.

Dès le Ier siècle, chaque Église a donc désigné un « surveillant » ou épiscope, ancêtre de l'évêque, dont saint Paul trace le portrait idéal : « Il faut qu'il soit irréprochable, mari d'une seule femme, sobre, pondéré, de bonne tenue, hospitalier, capable d'enseigner, ni buveur, ni batailleur mais doux, ni querelleur, ni stupide » (1 Timothée 3,2).

Restait à définir les liens entre ces épiscopes. La tradition catholique a reconnu un rôle de surveillance générale au pape (du grec *papas*, « père »), un titre amical attribué dans les premiers siècles à tous les évêques ou abbés. Mais le catholicisme a estimé que l'évêque de Rome, *primus inter pares*, avait une primauté sur ses confrères parce que les pouvoirs du premier occupant de ce siège, les fameuses clefs de saint Pierre, lui étaient transmis. Puisque Jésus avait dit : « Tu es Pierre et sur cette pierre je bâtirai mon

Église » (Matthieu 16, 18), chaque évêque de Rome serait désormais ce rocher inébranlable.

Le pouvoir religieux est alors une monarchie non pas héréditaire, mais élective, qui assure la représentation sur terre (le pape est le « vicaire du Christ ») du Royaume des cieux. La référence royale est d'ailleurs fréquente dans la Bible dont le mot roi est l'un des termes favoris : il apparaît 115 fois dans le Nouveau Testament et 2 620 fois dans l'Ancien. Logiquement, les premières églises seront donc appelées des basiliques (du grec *basilikè*, issu lui-même de *basileus* : « roi ») du nom du portique de l'archonte-roi à Athènes.

Mais peut-on perpétuer indéfiniment, dans le domaine religieux, une forme de gouvernement civil relative à un lieu et à une époque donnés ? Peut-on ignorer la démocratie dans l'Église parce que ce mot, d'usage courant en grec classique, n'apparaît pas une seule fois dans le Nouveau Testament ?

Les Églises protestantes ont répondu à ces questions en se situant, les unes par rapport aux autres, en fonction de leur degré de démocratisation. Les Églises épiscopaliennes, luthériennes ou anglicanes sont dirigées par des évêques, égaux entre eux sur le plan doctrinal mais ayant autorité sur les pasteurs. Cette organisation en évêchés correspond, historiquement, aux petites principautés ou cités de la fin du Moyen Âge, les sièges cathédraux ayant souvent élu domicile dans les villes franches de la ligue hanséatique.

Les Églises presbytériennes, généralement calvinistes, comme l'Église d'Écosse ou l'Église reformée de France, n'ont pas d'évêques et confient le dépôt de la foi aux pasteurs. Cette organisation, à la fois paroissiale et communale, est indissociable, historiquement, de la gestion des villes et des cantons suisses : Calvin à Genève et Zwingli à

Zurich ont voulu relier les communautés chrétiennes par des liens assez souples évoquant les traités de « combourgeoisie » des collectivités locales helvétiques.

Les Églises congrégationalistes, notamment pentecôtistes, n'ont pas de hiérarchie : les fidèles, formant l'Assemblée de Dieu, sont tous égaux entre eux et chaque paroisse est indépendante. Ce système s'inspire de l'idéal des pionniers américains, de leur culte individualiste du *self-made man*, de leur confiance dans les valeurs du pays profond et de leur méfiance envers les « élites » intellectuelles. Les congrégationalistes sont aussi les héritiers spirituels des pèlerins du *Mayflower*, ces dissidents de la monarchie anglaise et de l'Église anglicane, partisans de la république de Cromwell.

Au total, le christianisme a toujours oscillé, comme la société civile, entre monarchie et démocratie. Dans les langues latines (en français, *Église* ; en espagnol, *Iglesia* ; en italien, *Chiesa* ; en portugais, *Igreja*), l'Église est perçue comme une assemblée, car tous les mots qui la désignent dérivent du grec *ekklèsia*, nom de l'assemblée du peuple athénien.

Au contraire, dans les langues germaniques (en anglais, *church* ; en allemand, *Kirche*), l'accent est mis sur l'appartenance de cette Église à un souverain spirituel, le Christ : ces mots viennent du grec *kurios* désignant un maître ou un seigneur, généralement unique. Une telle formulation peut d'ailleurs convenir aussi bien au bouddhisme qu'au christianisme : on parle du Seigneur Bouddha comme du Seigneur Jésus (en anglais Lord Bouddha, Lors Jesus) pour exprimer le lien de soumission des fidèles à leur Maître.

Politique et religion

Peut-on trouver des liaisons, voire des compromissions plus étroites, entre les autorités religieuses et les dirigeants du peuple civil ? La question ne se pose pas tout à fait dans les mêmes termes pour le christianisme et le bouddhisme. Le Christ a dit : « Rendez à César ce qui est à César et à Dieu ce qui est à Dieu » (Matthieu 22, 21). Mais, dans l'Inde du Bouddha, il n'existait aucun pouvoir impérial comparable à celui de César.

Le christianisme est né en Palestine, un pays colonisé par les Romains et soumis à la dure occupation militaire des légions : quarante ans après la mort de Jésus, et alors que la rédaction des évangiles n'était pas achevée, la révolte des Juifs fit plusieurs centaines de milliers de morts empalés, égorgés, crucifiés. C'était, avec les moyens de l'époque, un premier génocide du peuple juif, triste prélude au second.

Les chrétiens ne seront pas plus épargnés que les Juifs puisqu'ils subiront, par intervalles, de terribles persécutions, dont ils tireront un culte des martyrs. Lorsque à leur tour ils prendront le pouvoir après la « conversion » de l'empereur Constantin (début du IIIe siècle), ils se livreront sans retenue aux mêmes méfaits : par un retournement de situation dont l'histoire est coutumière, les anciens martyrs se feront parfois bourreaux.

Les baptêmes obligatoires, les abjurations forcées ne manqueront pas dans l'histoire du christianisme. Lorsque en 782 Charlemagne battit les Saxons païens, il en fit décapiter quelques milliers et, pour célébrer la « conversion » des autres, décréta, dans tout l'Empire, trois journées d'action de grâces.

Dans un contexte politique assez différent, le bouddhisme est né dans un pays soumis à une oppression intérieure et non à une domination étrangère. Le système des castes était certes le moyen de contrôle institué par les anciens « envahisseurs » aryens sur les populations locales, mais, à l'époque du Bouddha, il relevait plus de la ségrégation que de la colonisation. Le bouddhisme s'est défini par rapport à cette discrimination sociale et non en réaction contre une puissance politique. Les premiers bouddhistes n'ont pas eu, comme les chrétiens, à prêter serment à un empereur-dieu tel Auguste. Ils ont dû se demander si un hors-caste pouvait légitimement espérer le nirvâna.

Le bouddhisme s'est donc relativement désintéressé du politique. Certes, il n'a jamais proclamé la séparation du trône et de la pagode. Bien au contraire, à Ceylan, en Thaïlande comme au Cambodge, les rois ont été vénérés et considérés comme de futurs bouddhas. Mais, en dépit du prestige voire de l'influence de certains moines auprès des cours royales, le bouddhisme s'est tenu à l'écart de l'exercice direct du pouvoir. Il n'a pas eu ses princes-évêques ni ses comtes-abbés, encore moins son Saint Empire ou son armée pontificale, pas plus que ses premiers ministres-cardinaux. Il n'y a pas, dans l'histoire du bouddhisme chinois ou indochinois, l'équivalent d'un Richelieu ni d'un Mazarin.

La spécificité du bouddhisme japonais n'en est que plus remarquable. Durant l'époque Nara (VIIIe siècle), le clergé bouddhiste était omniprésent dans la vie politique et fondait son action sur le Sûtra de la lumière dorée, un texte affirmant que le gouvernement et la religion sont unis par le respect du Dharma. Aujourd'hui, des écoles, telle la Sôka Gakkaï, comptant plusieurs millions de membres, se développent avec l'objectif de transformer la société et de participer au gouvernement, éventuellement en fondant leurs propres partis politiques. L'avenir dira si de tels mouvements religieux, souvent conservateurs, dureront ou non.

Non-violence et guerre juste

Les deux religions ont eu une approche différente de la vie publique. Le christianisme a toujours essayé de définir des relations entre ce que saint Augustin appelait la cité de Dieu et la cité terrestre. Le bouddhisme, qui n'oppose d'ailleurs pas la terre au ciel, s'est plus intéressé à la réalisation de l'individu qu'au sort des collectivités.

Cela est particulièrement vrai dans l'ordre international, où le pape s'est longtemps posé en arbitre, convoquant les empereurs et sermonnant les rois, excommuniant Henri VIII d'Angleterre et couronnant, un peu forcé, Napoléon Ier, aussitôt promu par les évêques français « nouveau Cyrus », en mémoire du roi de Perse, libérateur du peuple juif captif à Babylone.

La hiérarchie bouddhique n'a jamais tenu un tel rôle, d'ailleurs rendu impossible par son organisation décentralisée. Elle a pu jouir d'une influence plus ou moins grande auprès des empereurs de Chine ou du Japon, mais n'a pas tenté de les réconcilier comme le faisait le pape pour les rois d'Espagne et du Portugal.

Les deux religions se rejoignent alors dans leur commune impuissance à l'égard des conflits armés. Le bouddhisme n'a pas pu empêcher les multiples guerres entre la Birmanie et la Thaïlande ou entre la Chine et le Viêt-nam. Le christianisme n'a pas non plus évité les conflits entre des « pays très chrétiens ». Il est même allé un peu plus loin en élaborant une théorie de la guerre juste. Et les prêtres de France et d'Allemagne firent souvent des sermons musclés à partir de l'évangile du 1er août 1914 dont le texte, une malédiction de Jésus sur Jérusalem, s'est révélé, par la suite, tristement prophétique : « Tes ennemis t'environneront de tranchées » (Luc 19,43).

La non-violence du bouddhisme a aussi trouvé ses limites. Une chronique chinoise assure que les moines de Shaolin, inventeurs du kung-fu, mirent en déroute une armée menaçant l'empereur Taizong (622-649). Au XIe siècle, le roi birman Anawratha fit la guerre à son voisin de Thaton dans le but, très religieux, de saisir un exemplaire du canon bouddhique. Au Tibet, les nombreuses querelles entre les écoles rivales des Bonnets rouges et des Bonnets jaunes se réglèrent par les armes. Et aujourd'hui encore, dans le conflit opposant à Ceylan les Tamouls hindouistes aux Cinghalais bouddhistes, des moines conseillent au gouvernement de Colombo la manière forte.

Face à l'oppression intérieure ou extérieure, bouddhisme et christianisme ont souvent oscillé entre résistance passive et active. Au siècle dernier, des prêtres mexicains comme le curé Hidalgo ou le curé Morenos prirent les armes contre les Espagnols et devinrent même des héros de l'indépendance nationale. Plus récemment, au Nicaragua, des prêtres rejoignirent les maquis sandinistes pour lutter contre la dictature du général Somoza. À Haïti, le père Aristide prôna la violence pour lutter contre les tontons macoutes de Jean-Claude Duvalier. En sens inverse, nombre de théologiens de la libération se firent les apôtres de la non-violence pour combattre les régimes militaires ou les propriétaires terriens. En Afrique du Sud, Mgr Desmond Tutu, évêque anglican, adopta des méthodes pacifiques pour lutter contre l'apartheid.

Le même pacifisme fut pratiqué par les moines bouddhistes qui, au Viêt-nam, s'immolèrent par le feu pour protester contre la politique pro-américaine et pro-catholique du régime de Diem. Mais, au siècle dernier, des moines birmans prêchaient l'insurrection contre l'occupant anglais. En Chine, aux XVIIIe et XIXe siècles, nombre de soulèvements anti-occidentaux et anti-chrétiens, comme la révolte de la secte du Lotus blanc ou la guerre des boxers, furent largement soutenus ou justifiés par des moines. Vient un moment où le clergé, quelle que soit sa confession, ne peut plus rester neutre dans un conflit sans être accusé de se faire le complice du pouvoir en place.

6.

Les voies

« Les voies du Seigneur sont impénétrables », dit saint Paul (Romains 11,33). Les voies du Bouddha sont surprenantes, si l'on en juge par les arts martiaux chinois et japonais, largement influencés par la morale bouddhique et la spiritualité zen. Ce *budô* ou voie *(dô)* du guerrier a de multiples composantes : l'aïkidô ou « voie de l'union des souffles », le kendô ou « voie du sabre », le kyûdô ou « voie de l'arc », le jûdô ou « voie de la souplesse », etc.

Tous ces arts de la guerre, reconvertis en Occident dans le sport civil, se veulent pourtant des « voies moyennes », opérant une synthèse, si difficile pour le monde occidental, entre la pensée et l'action : on imagine difficilement un monastère bénédictin ou un ermitage de chartreux pratiquer la boxe ou le catch pour la plus grande gloire de Dieu et le salut du monde. C'est pourtant dans une optique spirituelle que le monastère chinois de Shaolin a inventé le kung-fu, même si, à l'origine, cette technique — peut-être inspirée d'arts martiaux indiens — devait protéger les moines isolés contre les bandits.

Ces voies ont de solides fondements philosophiques et psychologiques : pour neutraliser l'adversaire, il faut se maîtriser soi-même, et une longue contemplation demeure un bon antidote à la vaine agitation. La pratique de la méditation, notamment du zen, importée au Japon via l'Inde et la Chine, assure le lien entre l'âme et le corps. La liaison est forte puisqu'elle constitue un « joug » : en sanskrit, *yoga*, terme d'où dérivent des mots français aussi différents que « jument » et... « conjoint ». Le yoga met l'accent sur l'union du physique et du psychique, aussi indissociable que celle d'une paire de bœufs sous le harnais. À la différence des religions occidentales, qui séparent l'âme et le corps, le bouddhisme a une vision unifiante de la personne. Dans les sports de combat, il faut donc allier des muscles d'acier à une âme bien trempée.

Ces images guerrières n'auraient pas fait peur à l'« athlète » saint Paul, prompt à vanter les dieux du stade auprès de ses néophytes corinthiens : « Ne savez-vous pas que les coureurs, dans le stade, courent tous, mais qu'un seul gagne le prix ? Courez donc de manière à le remporter. Tous les athlètes s'imposent une ascèse rigoureuse ; eux, c'est pour une couronne périssable, nous, pour une couronne impérissable. Moi, donc, je cours ainsi : je ne vais pas à l'aveuglette ; et je boxe ainsi : je ne frappe pas dans le vide » (1 Corinthiens 9,21).

Mais ici se révèle une différence majeure entre bouddhisme et christianisme, comme, plus généralement, entre religions occidentales et extrême-orientales : les premières insistent sur les objectifs à atteindre et les secondes sur les chemins à emprunter. Pour saint Paul, il faut « gagner le prix ». Au-delà de l'Indus, on doit suivre une voie, sans trop se préoccuper de la récompense.

Ainsi, le shintoïsme, l'une des deux principales religions japonaises avec le bouddhisme, est, littéralement, la « voie des dieux » *(shintô)*, celle des divinités de la nature et des ancêtres, que l'on doit suivre tout au long de sa vie. Le taoïsme, l'une des composantes essentielles de la philosophie et de la religion chinoises, est une « voie » *(tao)* de Longue Vie, que l'on parcourt grâce, notamment, à des pratiques médicales ou paramédicales comme l'acupuncture ou la gymnastique du taï-chi.

On perçoit ici une autre différence avec le christianisme. Jésus dit : « Je suis le chemin, la vérité et la vie » (Jean 14,6). Il se présente comme la voie unique vers la maison de son Père — le Royaume des cieux —, qui est la nouvelle Terre promise : la foi dans le Christ est nécessaire pour aller vers Dieu. À ce chemin de la foi, les religions extrême-orientales préfèrent une ou des voies de l'expérience. Il s'agit d'éprouver plus que de prouver.

Le christianisme se définit par une adhésion, conformément à la tradition d'Israël où la foi en la Terre promise est une « adhérence » évoquant celle de la terre sous les souliers. Les peuples d'Asie de l'Est, qui n'ont pas connu d'exode comparable à celui d'Israël, préfèrent le voyage intérieur, celui d'une mobilité et d'une plasticité de la personne, où la souplesse est essentielle. Il ne s'agit pas d'adhérer à un rocher — le « roc » de Pierre — pour parvenir à une cime, mais de cheminer intelligemment pour éviter les écueils de l'existence.

Les Sentiers

Au temps du Bouddha, l'Inde possède déjà de nombreuses voies proposées aux fidèles de la religion védique. Ce sont des commentaires des Écritures, les « sentiers » (en sanskrit, *padahati*). Ce terme offre un magnifique jeu de mot puisque le *pada* (ou *pâda*) désigne les pieds d'un homme ou les pieds d'un vers, et le cheminement poétique peut être la métaphore d'un itinéraire piéton.

La démarche du Bouddha sera plurielle : il propose à ses disciples le Noble Octuple Sentier *(Ashtangika-Mârga).* Le chiffre huit a un caractère quasi magique dans le bouddhisme : il y a huit catégories d'êtres non humains, huit enfers brûlants, huit enfers glaciaux, huit enseignements, huit négations, huit préceptes, huit souffrances, huit vents, huit phases de l'existence d'un bouddha comme il y a, dans le christianisme, les sept jours de la Création, les sept sacrements ou les sept péchés capitaux. Ces huit « Sentiers » sont l'opinion juste, l'intention juste, la parole juste, l'activité juste, les moyens d'existence justes, l'effort juste, l'attention juste, la concentration juste. Ces Sentiers « justes » (ou « convergents ») doivent être parcourus simultanément pour atteindre le nirvâna. Cette convergence des efforts souligne, une fois de plus, le caractère moniste ou unifiant du bouddhisme.

Suivre ces Huit Sentiers permet d'obtenir la cessation de la douleur *(duhkha)* présente dans la naissance, la vieillesse, la maladie et la mort. En effet, d'après les Quatre Nobles Vérités, fondement doctrinal du bouddhisme, tout est douleur ; la cause de cette douleur est le désir ; l'extinction du désir peut mettre fin à la douleur ; le Noble Octuple Sentier est le chemin de cette suppression. Aussi exigeant semble-t-il, ce Sentier est une « Voie du milieu » entre l'ascétisme et la débauche comme entre les nécessités de la vie et la « vacuité » *(shûnyatâ)*, ce vide de l'existence. Par rapport à l'ascèse des moines hindous — que le Bouddha a expérimentée durant son jeûne précédant l'Illumination —, la Voie du milieu est une éthique de la modération, qui n'est pas sans rappeler le proverbe latin : *In medio stat virtus* (« le courage est au milieu »).

Mais cette Voie du milieu relève d'une topographie assez variable, conforme à la multiplicité des interprétations du bouddhisme. Pour le Bouddha historique, qui renonce au monde après avoir vécu dans un palais, elle est un moyen terme moral entre la jouissance des puissants et l'ascèse des ermites. Selon le mystique indien du Grand Véhicule Nâgârjuna (IIIe siècle ap. J.-C.), la Voie du milieu est plutôt un refus de la logique des contraires, une négation de la dialectique, un dépassement des oppositions : puisqu'il n'y a aucune réalité, il est vain de poser le problème de la mortalité et de l'éternité, de l'existence et de l'inexistence, de l'unité et de la multiplicité. Pour l'école chinoise de « la plate-forme céleste » (Tien-tai, VIe siècle ap. J.-C.), la Voie du milieu est une vérité de synthèse qui affirme à la fois la vacuité de toute chose et la perception de son existence apparente et temporaire grâce à une subtile réconciliation entre le vide et les sens. Enfin, dans l'école japonaise de Nichiren (XIIIe siècle ap. J.-C.), la vie transcende les notions d'existence et de non-existence : le bon citoyen doit faire son devoir sans trop se demander si tout cela est vide ou vrai, vain ou juste, futile ou utile.

Le fil du discours

Le Noble Octuple Sentier et la Voie du milieu sont décrits dans des « fils » ou sûtra, un mot emprunté au vocabulaire védique et qui désignait aussi bien le cordon sacré des brahmanes que les textes exposant une doctrine. Le terme est issu du vocabulaire de la rhétorique et se réfère au fil du discours, à l'enchaînement des idées et à tous les moyens mnémotechniques permettant de ne pas oublier un sermon ou une prière : on enfile les phrases courtes et les formules répétitives comme les grains d'un chapelet — le bouddhisme, lui aussi, possède un chapelet de 108 grains —, puis on les apprend par cœur, et des interprètes viennent commenter le texte parfois obscur. Le sûtra ressemble à un précieux fil rouge, à l'âme d'un instrument à cordes et à tout ce qui relie les hommes à une transcendance à travers un outil aussi ténu que vital.

Les Écritures bouddhiques comprennent les Sûtra du cœur, du lotus, de la lumière dorée, du diamant, etc., qui correspondent à autant de spiritualités différentes. La tradition en fait des recueils de paroles sorties de la bouche du Bouddha pour entrer dans l'oreille du fidèle : ils commencent donc par les mots « ainsi ai-je entendu », équivalents de la formule chrétienne « en ce temps-là, Jésus dit à ses disciples ». Dans le labyrinthe des philosophies bouddhiques, chaque sûtra est comme un fil d'Ariane entre l'enseignement du Maître et l'Illumination à venir.

Aux « fils » s'ajoutent les « tissus » ou *tantra.* Ce mot de tisserands, déjà utilisé par les Veda, sera repris par le bouddhisme tibétain pour désigner différents traités formant des systèmes de pensée aussi cohérents que la trame d'un ouvrage. Fortement teinté d'érotisme et d'ésotérisme, le tantrisme se situe à l'intersection de l'âme et du corps, dans le maillage complexe du physique et du psychique. Cette dimension psychosomatique donne d'ailleurs au bouddhisme tantrique un air étrangement moderne en dépit de son histoire millénaire : comme le tisseur, l'homme doit toujours œuvrer dans la dimension verticale et horizontale, entrelacer l'esprit et la matière de toute chose.

Reste la voie la plus déroutante pour un occidental, le *Yâna,* ou Véhicule, qui tient du mode de transport de l'individu et du moyen de progression de l'âme. En sanskrit, le mot désigne l'objet et son usage, la voiture et le voyage, et peut concerner aussi bien une approche amoureuse qu'une expédition militaire, notamment celle menée par les conquérants aryens, qui ont pour véhicule de combat le char de guerre. La naissance du bouddhisme est d'ailleurs contemporaine de l'élaboration du *Râmâyana* (« la marche de Râmâ » ou « la carrière de Râmâ »), la grande épopée belliqueuse des hindouistes.

Le Bouddha historique aurait proposé à ses disciples trois Véhicules *(Triyâna)* pour atteindre le nirvâna, afin de tenir compte des modes de compréhension et des facultés de renoncement de chacun. Le Véhicule de l'Auditeur *(Shrâvaka-Yâna)* conduit à l'Illumination personnelle par l'accession au statut de saint (arhat). Le Véhicule de l'Illuminé solitaire *(Pratyeka-Yâna)* mène à une condition un peu différente de béatitude, axée moins sur l'Étude que sur l'Éveil. Le Véhicule de l'Illuminé *(Bodhisattva-Yâna)* privilégie la vertu de compassion et le renoncement au nirvâna personnel par le don de ses propres mérites au profit des êtres souffrants.

Les divisions ultérieures du bouddhisme ont, dans la pratique, modifié cette classification. Le Véhicule de l'Auditeur a été le moyen de progression privilégié par la branche du Petit Véhicule (Hînayâna), centrée sur la recherche individuelle de la sainteté. Le Véhicule de l'Illuminé solitaire correspond à un Moyen Véhicule *(Mâdhyamayâna)*, qui n'est plus, aujourd'hui, un courant organisé. Enfin, le Véhicule de l'Illuminé est celui du Grand Véhicule *(Mahâyâna)*, qui insiste sur la compassion et la grâce.

Le Véhicule de Diamant *(Vajrayâna)*, né dans l'Inde du Nord au milieu du Ier millénaire, reprend certaines caractéristiques de l'hindouisme, notamment la grande importance accordée aux rites comme moyens de purification, aux gourous comme initiateurs spirituels et aux mantras — ou formules sacrées — comme vecteurs d'une énergie divine. Le mantra le plus utilisé, dédié au Bouddha de la compassion, est *Om mani padme hûm*. Sa signification, largement ésotérique, pourrait être : « Ô Toi, le Joyau dans le Lotus. »

Les voies de recours

Les clivages du bouddhisme ne correspondent que partiellement à ceux du christianisme. Certes, celui-ci s'est aussi divisé sur des points de doctrine ou des méthodes de spiritualité. Il a pu avoir des lectures différentes du Nouveau Testament comme les bouddhistes ont interprété différemment les Trois Corbeilles. Chaque Église a ainsi privilégié un texte. Le protestantisme s'est surtout référé à l'Épître aux Romains, qui insiste sur le salut par la grâce, car « si c'est par grâce, ce n'est donc pas en raison des œuvres » (Romains 11,6). Au contraire, le catholicisme se fonde plutôt sur l'Épître de Jacques, pour lequel « sans œuvres la foi et morte » (Jacques 2,26).

Mais la question essentielle, pour le christianisme, a été celle du règlement des conflits. Sans doute peut-on voir dans l'importance accordée aux questions de procédure un héritage du droit romain. Toujours est-il que le christianisme ne s'est pas d'abord divisé, comme le bouddhisme, sur le choix des moyens de progression, mais sur les pouvoirs des guides : les itinéraires spirituels sont des parcours réglementés. Qui donc a autorité pour conduire les fidèles à bon port ? Pour les orthodoxes, c'est la Tradition ; pour les protestants, l'Écriture ; pour les catholiques, le magistère.

Aucun chrétien ne refuse l'autorité des Pères de l'Église mais, pour les orthodoxes, l'ancienneté assure cette proximité historique et géographique avec le message de Jésus qui fait de la Tradition la gardienne de la Vérité. Pour les catholiques et les protestants, au contraire, la fidélité profonde est un perpétuel renouvellement qui préserve l'essentiel du message — tout en sacrifiant les formes historiques — et livre aux générations futures un dépôt rajeuni : il n'y a pas de grande Tradition sans petites trahisons, deux mots de même racine qui évoquent l'action de livrer, que ce soit aux générations futures ou à des puissances adverses. Pour transmettre la foi, il faut bien un peu sacrifier aux exigences du moment, en sachant que les paroles de Jésus font de fréquentes allusions à l'actualité de l'époque.

Aucun chrétien ne nie l'autorité de l'Écriture mais, pour les protestants, elle est la seule source de la Révélation divine : les commentaires ultérieurs ont une valeur explicative et non normative, car la Parole de Dieu se suffit à elle-même et n'a pas besoin d'une autorité humaine pour se montrer efficace. Pour être sûre que la lecture de la Bible est conforme à son interprétation, l'Église catholique introduit des éléments de son magistère dans les notes explicatives, superposant au texte un « contexte » à portée autant doctrinale qu'exégétique.

Aucun chrétien ne nie l'autorité de l'Église mais, pour les catholiques, seul le pape, en tant que successeur de Pierre, peut incarner le magistère suprême par ses décisions infaillibles ou par la promulgation des décrets des conciles. Orthodoxes et protestants se demandent comment un simple mortel, aussi sage et saint soit-il, pourrait donner des instructions au nom d'un Apôtre distingué par Jésus voici deux mille ans : selon eux, Pierre a reçu du Christ une mission à remplir, non des pouvoirs à transmettre.

La plupart des grandes divergences doctrinales se rattachent donc à des questions de procédure : qui a le pouvoir de trancher les conflits ? Le pape, disent les catholiques, au nom de l'Infaillibilité pontificale qui lui permet de définir de nouveaux dogmes : en 1854 l'Immaculée Conception de Marie — la Vierge exemptée du péché originel — et, en 1950, son Assomption, affirmant qu'elle n'a pas connu la corruption corporelle de la mort. La Tradition, répondent les orthodoxes, pour qui toute controverse théologique doit être tranchée à la lumière des débats de l'Église primitive. La lecture éclairée de la Bible, rétorquent les protestants, pour qui les spécialistes de l'Écriture sont les meilleurs interprètes de la Parole : en cas de divergences sur la doctrine, les responsables des Églises, imprégnés du texte sacré, doivent faire « route ensemble » (« synode ») pour dégager une décision collective. L'histoire du christianisme a donc fait coïncider les chemins de la foi avec les voies de recours en accordant une priorité au traitement des litiges.

Géographie et théologie

Ces clivages doctrinaux correspondent-ils à des découpages territoriaux ? Les relations entre géographie et théologie sont souvent complexes dans l'histoire des religions. Le judaïsme s'est constitué à partir de traditions venues du Sud, dites sacerdotales ou yahvistes, influencées par l'Égypte, et de traditions venues du Nord, dites élohistes et deutéronomistes, influencées par la Mésopotamie. De même, la religion indienne a été formée à partir de courants venus du Nord-Est, dits aryens, et de courants plus méridionaux, dits dravidiens. Les mélanges de population, les nécessités de la vie commune ont fini par donner une plus ou moins grande unité aux cultes : les croyances se sont fixées ou figées à l'emplacement géographique et au moment historique où les populations se sont sédentarisées.

Le christianisme est, lui aussi, le fruit de telles rencontres entre des tendances judéo-chrétiennes, attachées à la foi d'Israël et à la terre de Palestine, et des tendances hellénochrétiennes, imprégnées de l'art de vivre et de modes de pensée grecs.

Par voie de mer et de terre, les « frères » de Jésus se sont ensuite répandus dans tout l'Empire romain, avec une préférence pour ses franges méridionales et orientales : au IVe siècle, 80 % des Églises étaient situées en Asie ou en Afrique, et tous les grands conciles dogmatiques (Nicée, Éphèse, Constantinople, Chalcédoine) ont été tenus sur le continent asiatique ou, du moins, sur les rives du Bosphore. Il est donc historiquement peu justifié de voir dans le christianisme la meilleure expression de la civilisation européenne ou de la société occidentale.

Mais les grands clivages doctrinaux ne suivent pas toujours les frontières politiques. Si le schisme entre Orient et Occident séparait, en gros, les deux moitiés de l'Empire, l'arianisme, niant ou discutant la nature divine de Jésus, a conquis des terres disparates, allant de l'Égypte à la Germanie. Et la conversion du Germain Clovis au christianisme « orthodoxe » — et non à l'arianisme — a encore brouillé les cartes tout en contribuant à la défaite finale des disciples du prêtre d'Alexandrie Arius. En ce sens, le baptême du barbare Clovis est bien un événement majeur de géostratégie, alors même que le monarque néophyte ignorait probablement toutes les subtilités byzantines de la querelle arienne.

Un millénaire plus tard, la Réforme a divisé l'Europe en une moitié septentrionale, acquise aux idées de Luther ou de Calvin, et une moitié méridionale, restée fidèle à Rome. Et le Nouveau Monde a d'abord semblé reproduire les divisions de l'Ancien avec une Amérique du Nord majoritairement protestante et une Amérique du Centre et du Sud presque exclusivement catholique. Mais, par la suite, le nombre des catholiques s'est beaucoup accru au Canada et aux États-Unis, tandis que, depuis une vingtaine d'années, les protestants ont fait une remarquable percée en Amérique latine. Dans le même temps, le Nouveau Monde devenait le premier continent chrétien, avec deux fois plus de fidèles que l'Ancien : le christianisme fut de moins en moins européen, et l'Europe de moins en moins chrétienne en raison de la montée du communisme athée et de l'agnosticisme moderne.

La colonisation a permis une rapide diffusion du christianisme en Afrique, en Asie et en Océanie, au point de bouleverser la géographie religieuse. Désormais, le Nigeria est le deuxième pays protestant du monde (après les États-Unis, mais avant l'Allemagne) et la communion anglicane compte plus de Noirs (d'Afrique ou d'Amérique) que de Blancs, sans compter les diverses ethnies d'Asie ou d'Océanie. C'est ainsi que le divorce du roi d'Angleterre Henri VIII d'avec la princesse espagnole Catherine d'Aragon — cause de la naissance de l'anglicanisme — aura eu des répercussions durables jusque chez les Bantous de l'Ouganda et les Papous de Nouvelle-Guinée.

Un pape d'avant-guerre ne reconnaîtrait pas non plus ses ouailles : les quatre premiers pays catholiques du monde sont, aujourd'hui, dans l'ordre, le Brésil, le Mexique, les États-Unis et les Philippines. On mesurera la rapidité de l'évolution en rappelant qu'en 1939 les trois premiers pays catholiques du monde étaient l'Italie, la Francc ct l'Allemagne du IIIe Reich. Actuellement, la France, « fille aînée de l'Église », a cinq grandes sœurs, puisqu'elle n'est plus que le sixième pays catholique du monde. À ceux qui le déplorent, on peut faire remarquer que ce bouleversement planétaire rend l'Église de Rome plus « catholique » que naguère — c'est-à-dire plus universelle — dans la mesure où ses fidèles sont désormais répartis sur les cinq continents.

Route de la soie et Malabars

Les voies du bouddhisme ne sont pas moins déroutantes, si l'on songe que ses plus vieux textes sacrés ont été probablement rédigés dans l'île de Ceylan, à trois mille kilomètres au sud du pays du Bouddha : autant imaginer que la Bible ait été écrite en Éthiopie et le Coran à Madagascar. Pour mieux comprendre cette translation géographique, il faudrait se placer dans la perspective de la mythologie indienne, qui montre Hariman, chef de l'armée des singes, passer d'un seul bond du continent à l'île. La migration du bouddhisme vers Sri Lanka comprend, d'ailleurs, bien des aspects mythiques amalgamés à la réalité historique.

Dans la propagation des idées du Bouddha, on distingue habituellement une « voie du Sud » et une « voie du Nord ». La première, généralement maritime, a conduit le Petit Véhicule à Ceylan, en Birmanie, en Thaïlande, au Laos et au Cambodge. La seconde, principalement terrestre, a guidé le Grand Véhicule vers le Cachemire, le Tibet, la Mongolie ou la Chine, et, de là, au Viêt-nam et au

Le christianisme dans le monde : état actuel
(en millions de fidèles)

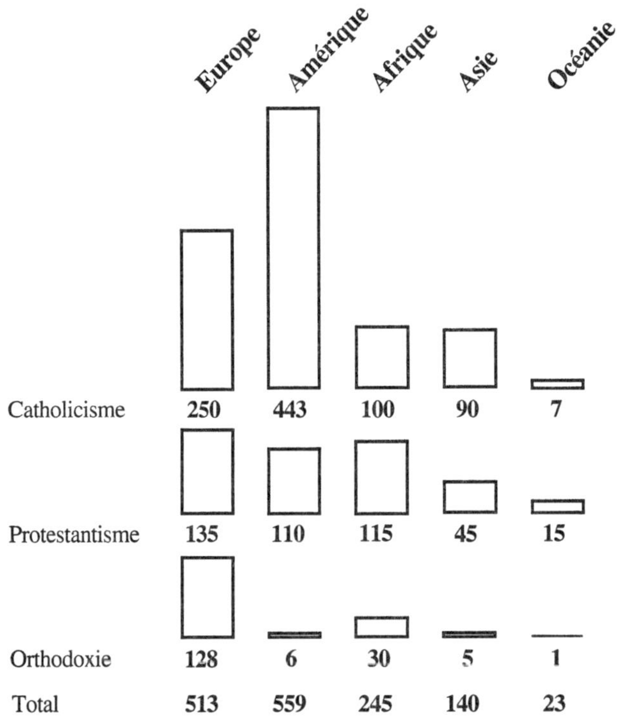

Japon. En apparence, chaque route correspondrait à un Véhicule, chaque voie aurait sa « voix ». Mais, à y regarder de plus près, on s'aperçoit que le Grand Véhicule a aussi emprunté la voie du Sud et que, par exemple, il atteignit la Birmanie, d'où il a aujourd'hui presque totalement disparu. L'histoire ne retient que ce qui laisse des traces tout en parlant à notre imaginaire ou en correspondant à nos schémas de pensée. Les notions de voies du Nord et du Sud constituent donc largement des projections dans l'Antiquité de situations actuelles.

En forçant un peu, on pourrait ajouter que l'école la plus proche du bouddhisme primitif, celle du Petit Véhicule, a pris le bateau : elle ne risquait guère de se modifier en pleine mer ou lors des rares escales. À l'inverse, l'école réformée du Grand Véhicule s'est servie du chameau ou du yak pour suivre la route de la soie, dont les nombreuses étapes facilitent l'acculturation d'une doctrine : à chaque bivouac, la philosophie enseignée aux autochtones s'enrichit des croyances locales et de légendes nouvelles.

Une telle vision comprend, néanmoins, plusieurs approximations historiques et géographiques. La voie du Nord était déjà bien implantée en Inde avant de prendre la route de la soie, même s'il est vrai que cette école nomade s'est remarquablement adaptée aux modes de pensée locaux : ouverte au surnaturel dès l'origine, elle a puisé dans les croyances des religions déclinantes, recueillant les dieux des panthéons autochtones et les esprits des cultes animistes. Un temple chinois ou vietnamien présente parfois tant d'éléments syncrétiques qu'on ne sait au juste s'il est bouddhique ou taoïste, voire confucéen.

À l'inverse, l'école du Sud, plus fidèle à ses origines — sans refuser certaines divinités des cultes locaux —, n'a pu s'implanter trop loin de ses bases indiennes et a surtout prospéré en Indochine, près de ses racines culturelles. Reste enfin le cas très particulier du bouddhisme indonésien : le Grand Véhicule a débarqué à Java, montrant qu'il était, lui aussi, amphibie, mais n'a guère pu s'implanter durablement, même s'il nous a légué le chef-d'œuvre de Borobodur.

Dans une large mesure, le Petit Véhicule est resté proche de l'idéal indien de l'ascète rebaptisé arhat : une vision aussi austère de la vie ne pouvait séduire des civilisations comme celle de la Chine, où aucune religion ne prêche le renoncement aux plaisirs de la vie. La pensée indienne a engendré le Bouddha jeûneur aux côtes saillantes, et la pensée chinoise le Bouddha rieur au ventre rebondi.

Le Grand Véhicule est devenu celui du monde chinois auquel s'ajoutent le Japon et le Viêt-nam. Son centre de gravité est bien l'Empire du Milieu, qui se transforme si facilement en centre de l'univers. Celui-ci a donc façonné le Grand Véhicule à sa façon et l'a intensément sinisé, au point de le rendre parfois inexportable dans son pays d'origine. Ainsi, les multiples représentations d'Amitâbha et de son paradis de la Terre pure sont incompréhensibles en Inde.

Les débats sur la diffusion du bouddhisme sont encore compliqués par l'usage de deux expressions quasi mythiques : la Sérinde et la route de la soie. La Sérinde[1] ou pays des Sères tire son nom du ver à soie (en grec, *sèr*), mais ne correspond à aucune région ni à aucun peuple déterminé, le mot « Sères » désignant probablement, pour les Grecs, toute peuplade d'origine chinoise. Quant à la route de la soie, formule inventée au siècle dernier par l'orientaliste F. von Richthofen, ce n'est pas une route unique mais un vaste ensemble de sentiers et de diverticules[2] allant d'Italie en Chine via l'Asie centrale. On y transportait toutes sortes de marchandises et on y vénérait de nombreux dieux, même si la soie et le Bouddha furent les deux plus célèbres articles d'exportation de la branche orientale. Comme l'islam asiatique, le bouddhisme a d'abord été diffusé par des marchands.

Cette diffusion a été progressive, le voyage se faisant par petites étapes avec de nombreuses ruptures de charge et changements de porteurs. La route de la soie constituait moins une voie directe qu'une suite de tronçons et de relais : rares étaient ceux qui effectuaient le parcours dans son intégralité. La voie du Nord a, néanmoins, constitué un remarquable moyen de pénétration des idées nouvelles, repris ultérieurement par des missionnaires chrétiens et des commerçants musulmans : d'oasis en caravansérail, chacun répétait des histoires entendues à l'étape précédente et, si Marco Polo n'a peut-être jamais mis les pieds en Chine, la route de la soie l'a initié à la culture chinoise. Mille ans plus tôt, les territoires situés au sud de cette route avaient déjà été largement touchés par le bouddhisme.

Il est vrai que cette expansion religieuse doit numériquement beaucoup à un remarquable phénomène géologique : tous les grands fleuves de la région (Indus, Gange, Brahamapoutre, Mékong, Fleuve Bleu et Fleuve Jaune) coulent selon un axe nord-sud et déboulent de l'Himalaya en se gonflant à la fonte des neiges. Par la route de la soie, le bouddhisme a pu véhiculer son message dans des pays traversés par d'immenses cours d'eau fertilisant des campagnes parmi les plus peuplées du monde.

Dans ce parcours millénaire, il a presque constamment avancé vers l'est, de l'Inde au Japon. À l'inverse, le christianisme a marché vers l'ouest, depuis la Palestine jusqu'en Gaule. On l'oublie trop souvent : pour un habitant du Finistère, du moins avant la découverte de l'Amérique, toutes les religions viennent forcément d'Orient. Pour un Japonais, elles ne peuvent venir que d'Occident : la géographie commande alors à la théologie autant que l'histoire.

Mais on peut aussi s'interroger : pourquoi le bouddhisme n'a-t-il jamais gagné les pays occidentaux et s'est-il arrêté, à l'époque alexandrine, au niveau de l'actuel Afghanistan ? L'Empire perse lui a, certes, opposé une résistance politique et culturelle, mais l'Empire chinois n'était-il pas militairement et intellectuellement aussi bien armé ?

La philosophie grecque a pu constituer un autre barrage occidental, mais le taoïsme et le confucianisme, voire le shintoïsme, n'avaient-ils pas toutes les raisons de bouter dehors la doctrine intruse ?

De même, pourquoi les « chrétiens de saint Thomas », ces nestoriens exilés au Ve siècle pour avoir séparé les natures humaine et divine du Christ, ont-ils brusquement régressé voire disparu, mille ans plus tard ? De la Perse à la Chine, leur Église compta deux cents diocèses et des dizaines de millions de fidèles. Elle devait être puissante, cette chrétienté du pays des Lascars et des Malabars, les premiers étant des matelots de l'océan Indien et les seconds des habitants de la côte sud de l'Inde, qui donnèrent leur nom au rite « syro-malabar ». Mais ce culte a progressivement décliné avant même l'arrivée de l'islam qui, avec sa puissance commerciale et sa force militaire, accélérera ce recul comme il achèvera le bouddhisme indonésien, déjà mal en point.

Écoles de langues

Marchands et missionnaires ont effectué un continuel va-et-vient entre ces deux pôles culturels que sont l'Inde et la Chine. Et tout le bouddhisme se définit par rapport à l'une ou l'autre de ces deux civilisations, si différentes par l'organisation sociale et les systèmes de pensée, aussi hétérogènes que l'Israël biblique et la Grèce antique. Ce voyage entre les cultures est aussi l'un des charmes et des périls de la traduction, exercice nécessaire et difficile pour des Écritures sacrées dont la diffusion est entravée par la multiplicité des langues vivantes et menacée par l'oubli des langues mortes.

Pays comptant le plus grand nombre de bouddhistes

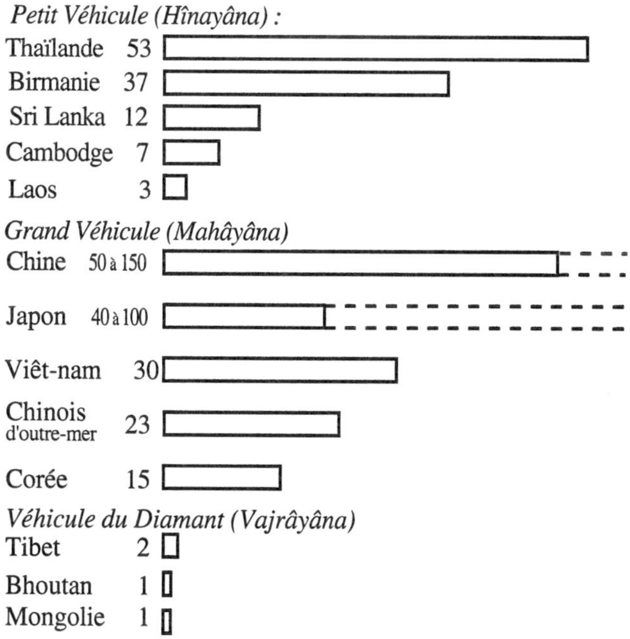

Christianisme et bouddhisme ont donc dû se transformer en conservatoires d'idiomes anciens et en laboratoires de langues modernes. Grâce à ces religions, on étudie encore le sanskrit (partagé avec l'hindouisme) du Grand Véhicule et le pâli du Petit, l'hébreu de l'Ancien Testament (partagé avec le judaïsme) et le grec du Nouveau, le latin de l'Église catholique et le slavon (vieux russe) de la liturgie orthodoxe. Dans nos sociétés modernes, les religions demeurent parfois les derniers remparts contre l'oubli des civilisations anciennes et des lettres classiques, et la France d'aujourd'hui compte autant d'étudiants en grec ancien dans les facultés de théologie que dans les universités profanes.

Le travail des institutions religieuses comprit aussi bien

l'immense entreprise de traduction du canon bouddhique en chinois puis en japonais que la publication de ces grandes œuvres de l'allemand et de l'anglais moderne que sont la Bible de Luther et celle de la King James Version. Il y eut aussi l'invention de l'alphabet russe, glagolithique puis cyrillique — un mélange des alphabets grec et latin —, par des moines évangélisant les Slaves, mais également la notation du vietnamien en alphabet latin et non plus en caractères chinois, grâce à un missionnaire jésuite, Alexandre de Rhodes. Sur les deux mille langues dans lesquelles le Nouveau Testament peut être lu, beaucoup n'ont reçu leur premier dictionnaire ou leur première grammaire que pour les besoins de la traduction biblique ; quant aux moines bouddhistes, ils furent tout aussi actifs dans l'étude des langues extrême-orientales.

S'ils se réfèrent à des textes sacrés différents, le bouddhisme et le christianisme ont eu la même « religion » du livre et le même amour des belles-lettres, dont témoigne, dans les deux confessions, le travail des moines copistes. En Birmanie, où la première imprimerie nationale date de 1970, ceux-ci ont œuvré jusqu'à ces toutes dernières années.

Reste l'immense problème des traductions. Sont-elles fidèles ? « Le traducteur est un traître » *(Traduttore, traditore)*, dit le proverbe italien en se fondant sur une fausse étymologie, puisque « traduire » vient du latin *transducere* (« conduire vers ») et « trahir » de *tradere* (« livrer »). Traduire n'est ni trahir ni transcrire, c'est faire un travail de guide en pays inconnu.

En fait, la traduction de textes sacrés est à l'espace ce que la tradition est au temps : une acclimatation à un environnement nouveau, sans laquelle le plus limpide des messages ressemble vite à une formule cabalistique. Ne dit-on pas, en pays chrétien, d'une pensée obscure : « C'est de l'hébreu pour moi » ? Les traducteurs religieux affrontent le choc des cultures plus encore que la disparité des langues. Un bon exemple en est donné par ce verset du Psaume 50 : « Purifie-moi Seigneur et je serai blanc plus que neige. » Il a été rendu en bantou par la formule suivante : « Purifie-moi Seigneur et je serai noir comme de l'ébène. »

Et c'est parfois de l'« erreur » que surgit le sens : des traductions infidèles ouvrent de nouveaux horizons. Ce paradoxe est bien illustré par les versions chinoises du canon bouddhique qui ne peuvent restituer exactement les concepts de la doctrine « primitive » et empruntent souvent les termes religieux des taoïstes, les seuls disponibles en langue chinoise : le bouddhisme, ainsi artificiellement rapproché de la religion locale, a pu apprivoiser l'« âme » chinoise, notamment dans le sud du pays. En quittant la civilisation indienne et le vocabulaire sanskrit, le bouddhisme sembla se couper de ses bases culturelles, mais s'adapta vite à de nouveaux modes de pensée.

Cette adaptation a un prix, car des données essentielles sont modifiées : en Chine, le Bouddha s'appelle Fo, un nom propre qui n'évoque plus la notion d'Éveil, ni celle d'Illumination. Le Bouddha de la compassion, originellement appelé Avalokiteshvara, porte désormais le joli nom de Guanyin : « Celui qui regarde les appels du monde ». Ce surprenant mélange de visuel et d'auditif a engendré la divinité chinoise la plus populaire, d'une bonté proprement indicible, comme si elle voyait l'invisible et entendait l'ineffable.

L'intraduisible

L'Occident fut complètement désorienté par ces changements de noms auxquels s'ajoutaient les spécificités de la statuaire chinoise : comment ces êtres tantôt bedonnants et chauves, tantôt vieillissants et barbus, dotés d'étranges patronymes, pourraient-ils s'apparenter au Bouddha de l'Inde ? Il fallut longtemps pour reconnaître, à la suite du Père Pons, un missionnaire du XVIIIe siècle, que le Fo (ou Foé) des Chinois n'est autre que « le Baouda des anciens Indiens ». À la même époque, nombre d'éminents observateurs ignoraient l'existence d'un bouddhisme chinois ou en donnaient une description fantaisiste. En 1704, le dictionnaire de Trévoux édité par les jésuites, un ordre pourtant très présent en Chine, osait un rapprochement hasardeux : « Fo est le premier des dieux et comme le Jupiter des Chinois. » Et, en 1835 encore, l'*Exposé comparatif de toutes les religions de la terre*, sorte de tableau synoptique des grandes religions, rédigé par l'érudit Anot de Maizières, ignore totalement que Fo est l'autre nom du Bouddha.

Après cette gigantesque œuvre sino-indienne de traduction, l'une des plus importantes de toute l'histoire de l'humanité, il fallut encore passer du chinois en japonais : ce travail ne fut achevé qu'au début du XXe siècle. Viendra alors le temps des traductions en langues occidentales, tâche non moins périlleuse en raison des mots sanskrits sans équivalents, tels que *Dharma* ou *bodhisattva*. Même le Bouddha nous semble une énigme : on l'appelle tantôt l'Éveillé, l'Illuminé voire l'Exalté (traduction de Paule Reuss), sans jamais trouver l'exact vocable pour traduire un mot qui exprime moins un nom propre qu'un état idéal.

L'inexistence puis la rareté des traductions occidentales

ont longtemps accompagné les préjugés des intellectuels européens, déjà convaincus de leur supériorité et privés de tout accès direct aux textes bouddhiques. Le dictionnaire de l'Encyclopédie affirme tranquillement que le Bouddha serait un Africain venu d'Éthiopie après s'être initié à la sagesse de l'Égypte. Il aurait fondé au sud de l'Inde la secte des hylobiens, les plus sauvages des « gymnosophistes ». Et William Jones, pourtant l'un des initiateurs de l'étude du sanskrit, voit dans le Bouddha l'équivalent de Wotan, « le dieu des Teutons ».

Les premiers orientalistes vont souvent faire partager aux philosophes leur incompréhension du bouddhisme. Dans sa *Philosophie de l'histoire*, Hegel estime que la religion de Foé « propose le mépris de l'individu comme la plus haute perfection » et que le culte de la transmigration des âmes change le « culte simple de l'être en soi » en « une idolâtrie sans bornes ». Quant à Auguste Comte, il affirme, dans son *Système de politique positive* (1853), que l'« insuffisance mentale » du Bouddha avait libéré une « tendance purement subversive ». Il est bien difficile de préciser ici la part de l'ignorance et de la mauvaise foi. On mesure ici l'incompréhension qu'ont dû affronter les premiers traducteurs des textes sacrés, qui, en dévoilant le « mystère » du Bouddha, semblaient rompre l'enchantement de ses admirateurs et l'aveuglement de ses détracteurs.

Concours de version

Malgré ces difficultés, la traduction représente une diffusion du savoir et, donc, un partage du pouvoir. Ne pas traduire dans le dialecte local, c'est conforter la puissance de ceux qui possèdent les langues sacrées et peuvent transformer leur maîtrise des textes en contrôle des hommes, trop ignorants pour les contredire. La propriété exclusive de parlers disparus relève de l'emprise cléricale et d'idéologies conservatrices, et l'on songe ici à ce que représentait, avant le concile Vatican II, le latin pour l'Église catholique : un patrimoine d'une grande beauté, mais aussi un langage archaïque au service d'une pensée vieillie, figée dans le regret de sa splendeur perdue. Faute de traduction, seuls ceux qui peuvent lire dans le texte ancien servent d'intermédiaires avec l'au-delà, et ces décodeurs du Ciel rayonnent sur les âmes. On se rend compte de cette extraordinaire puissance des langues mortes par le prestige dans le peuple des moines birmans qui, seuls, maîtrisent le pâli, la langue des prières et des Écritures.

Se risquer à traduire, c'est se lancer dans une aventure intellectuelle empruntant des circuits longs ou des circuits courts. Ainsi, au Moyen Âge, les philosophes grecs ont été soit traduits directement en latin, alors langue commune des universités, soit en latin via l'arabe. De même, pour les Écritures bouddhistes et chrétiennes, on peut aller directement du sanskrit au japonais ou du grec au français, ou bien passer par les étapes intermédiaires du chinois et du latin. On doit souvent aussi faire œuvre collective et anonyme, n'être que l'un des milliers de moines chinois qui ont traduit les manuscrits sanskrits, l'un des « septante » traducteurs grecs de la Bible hébraïque ou l'un des cent vingt-six collaborateurs de la Bible œcuménique (T.O.B.). Mais cette démarche revient aussi à poser un acte normatif : le nouveau texte fera autorité sur les fidèles et deviendra, telle la Vulgate latine de saint Jérôme, la « version répandue » dans le peuple ou bien, telle la Bible anglaise du roi Jacques, la « version autorisée » dans le Royaume. Faire circuler une traduction dans le clergé puis dans le public aboutit à reformuler la foi en des termes qui vont bientôt s'imposer, au risque de faire oublier la force et le sens des mots primitifs. Voilà pourquoi, jusqu'à ces dernières années, le canon bouddhique du Petit Véhicule n'avait pas été traduit dans les langues locales, le pâli jouant ici le même rôle que l'arabe pour le Coran.

Les traductions délimitent un nouvel espace de parole, un champ d'expression populaire. Lorsque en 1806 Napoléon voulut connaître les dialectes parlés par les Français, il demanda à ses préfets de lui fournir une « traduction en patois » de la parabole de l'Enfant prodigue (Luc 15, 13)[3]. Le texte français parlait de ce fils qui « dissipa tout son bien en excès et en débauche ». Les patois disaient joliment qu'« il faisait le brigand dans des cabarets », qu'« il vivait avec des coquines », qu'« il mangea son bien en faisant le bandit ». C'est un peu loin du texte grec, qui parle d'une vie « qui ne peut être sauvée » *(asôtos)*. Mais ces formules imagées constituent un moyen, pour le grand public, de se réapproprier la Parole divine au détriment de ce que Pascal appelait le dieu des philosophes et des savants.

Systèmes d'écriture

Traduire un texte canonique, comme la Bible ou les Trois Corbeilles, c'est retailler un joyau de l'art et reformuler une règle de vie. Avoir conscience de cette double dimension esthétique et juridique réduit singulièrement la liberté du traducteur. La traduction des antiques textes sacrés rencontre le double écueil de la simplification abusive et des principes trop rigides : ou bien la recherche systématique d'un vocabulaire de base bien vite insuffisant — par exemple, la Bible en français courant — ou bien le choix d'un seul mot pour rendre un même terme — par exemple, « loi » pour *Dharma* dans les textes bouddhiques, ou « amour » pour *agapè* dans le Nouveau Testament — alors que celui-ci a plusieurs sens et que le nombre de mots varie du simple au décuple selon les langues. Le traducteur solitaire est généralement plus libre de ses choix et souvent plus apprécié du public, si l'on songe à la Bible du chanoine Osty ou à celle d'E. Dhorme. Mais, pour le canon bouddhique, l'immensité de la tâche rend nécessaire le travail d'équipe moins propice à la recherche d'une qualité littéraire.

Les traducteurs affrontent des changements encore plus subtils et profonds lorsqu'il faut passer d'un système d'écriture à un autre, par exemple des phonogrammes (signes notant des sons, comme dans un alphabet) aux idéogrammes ou aux pictogrammes (signes ou dessins représentatifs d'une idée, comme dans les hiéroglyphes). Ce passage s'est produit lors de la notation du canon bouddhique en caractères chinois, dont chaque élément est affecté d'une clé qui le rattache à une famille de mots de sens voisin (par exemple, une clé pour les mots évoquant les liquides, une autre pour les métaux, etc.). Or, le vocabulaire bouddhique ne se moule pas dans les catégories de sens habituelles : le nirvâna relève aussi bien de l'extinction du souffle que de celle de la flamme ; le Dharma évoque des notions légales, morales ou sociales souvent indissociables. Et, comme le choix d'une clé privilégie un sens, transcrire en chinois les paroles du Bouddha, c'est bien lui inventer de nouveaux traits, lui imprimer un autre « caractère ». Les traductions chinoises insèrent le canon dans un univers symbolique étranger à celui du Bouddha.

Les Écritures chrétiennes ont connu semblable dilemme quand il a fallu transcrire les paroles du Christ : Jésus priait en hébreu et parlait en araméen, deux langues sémitiques notées par des écritures consonantiques ne disposant pas de signes pour les voyelles et comportant de nombreux mots homographes (par exemple *d, b, r* signifie tantôt « parole », tantôt « peste »[4]. Or le Nouveau Testament est écrit en grec, langue qui note avec un soin extrême les diverses voyelles ouvertes ou fermées.

Et le système d'écriture des Grecs est difficilement séparable de leur structure de pensée, sans que l'on puisse toujours distinguer la cause de la conséquence. Ainsi le grec comporte de très longs mots exprimant une conjugaison complexe — avec de nombreux temps et modes marqués par des augments et redoublements de lettres — et convenant particulièrement bien à l'expression d'une pensée abstraite. La démarche conceptuelle et l'esprit scientifique se nourrissent d'idées ambitieuses, de ces « grands mots » que les seules consonnes ne peuvent noter : sans les voyelles, on ne saurait écrire des mots comme « anticonstitutionnellement » ou « acide désoxyribonucléique ». À l'inverse, la pensée concrète et imagée des Hébreux se satisfait de termes relativement courts, ne dépassant guère trois syllabes, dans lesquelles les voyelles peuvent, avec un peu d'habitude, se deviner à la lecture. En revanche, les consonnes de l'hébreu, souvent accentuées ou redoublées, semblent dures à nos oreilles et, si les Italiens entendaient prêcher Jésus, ils préféreraient peut-être écouter des vocalises à la Scala de Milan. L'hébreu, comme l'arabe, est une langue riche en gutturales sollicitant beaucoup la pomme d'Adam, et ces mâles accents ont quelque rapport avec le Dieu masculin de la Bible et du Coran.

Le passage de l'hébreu au grec représente donc un triple changement : de pensée, de langue et d'écriture. Jésus n'aurait pu ni dire, ni écrire, ni penser les subtiles distinctions dont se délectera Byzance, comme celles entre monothéisme (Dieu unique) et monothélisme (volonté unique de Dieu) ou entre Dieu unique et Dieu unifié (hénothéisme). Les différences dans l'art de concevoir et d'énoncer sont immenses, comme le montrent les trois exemples suivants, choisis parmi les plus vives controverses théologiques au sein des Églises chrétiennes.

« Prenez, mangez : ceci est mon corps[5] », aurait dit Jésus à la veille de sa Passion, durant ce que les chrétiens traditionnels appellent la Sainte Cène et les modernes le repas du Seigneur. Les catholiques plaident pour la transsubstantiation (un mot qu'on ne pourrait d'ailleurs pas écrire sans voyelles), c'est-à-dire pour le changement du pain et du vin en Corps et en Sang du Christ. Les protestants voient plutôt dans le fruit de la terre et de la vigne le symbole du Christ nourricier et vivifiant. Il est certes impossible de trancher la querelle puisqu'en araméen on n'emploie pas le verbe être dans cette tournure et que Jésus a pu dire seulement : « Prenez et mangez ceci, mon corps. » Le statut théologique de l'eucharistie était hors de son champ d'expression et, sans doute, de son mode de pensée.

Marie est dite « comblée de grâce » par l'ange Gabriel, celui de l'Annonciation (Luc 1, 28). La théologie catholique y verra un privilège spécial, justifiant le dogme de l'Immaculée Conception. La tournure passive du verbe est ici essentielle : Marie est comblée de grâce comme plus tard Jésus sera ressuscité, enlevé au ciel par l'Esprit saint, principe agissant par excellence. Le temps parfait (et donc l'action achevée) n'est pas moins important puisque Marie a été comblée de grâce antérieurement à la conception de Jésus, et même depuis sa propre conception, dira l'Église catholique. Mais à moins de faire de l'ange Gabriel un parfait helléniste, on voit mal un messager galiléen saluer

Marie comme une *kécharitôménè*, dans un impeccable participe parfait passif difficile à rendre exactement en araméen.

Reste enfin la question christologique de la nature des deux premières personnes de la Trinité : une querelle « byzantine » qui enflamma la chrétienté. Jésus est-il identique *(homoousios)* au Père comme le soutenaient les « orthodoxes », ou seulement semblable *(homoiousios)* comme l'affirmaient les « hérétiques » ariens ? Cette nuance, qui exige d'ailleurs un recours abondant aux voyelles, ne peut guère être rendue en araméen. Et ses équivalents latin *(consubstantialis)* voire français (« de même nature ») n'ont pas exactement le même sens. Les débats théologiques du Ier millénaire n'auraient jamais pu atteindre une telle intensité si le christianisme n'avait été si profondément marqué par la difficulté de passer de l'hébreu (ou de l'araméen) au grec puis au latin. Et ce n'est pas un hasard si le grand schisme de l'an 1000 entre orthodoxes et catholiques a séparé les Églises grecques et latines comme le schisme entre bouddhismes Hînayâna et Mahâyâna a, en définitive, séparé les adeptes du pâli de ceux du sanskrit et, surtout, du chinois ou du japonais. La traduction influence la doctrine même si, au départ, les divergences de fond pouvaient avoir d'autres causes que les spécificités des langues.

7.

La loi

« Le christianisme, c'est le miracle de l'institution », dit justement Régis Debray. Et ceux qui veulent le rénover n'échappent pas à cette logique juridique. Lorsque Calvin, fils d'avoué, licencié ès lois, décide de réformer l'Église, il publie l'*Institution de la religion chrétienne* pour exposer sa doctrine et participe à la rédaction des *Ordonnances ecclésiastiques* afin de donner un statut à l'Église de Genève. Lui qui avait été élu par ses camarades de faculté « procureur (représentant) de la nation de Picardie », et surnommé « l'accusatif », instruit le procès du pape et des évêques tout en gouvernant sa ville avec pasteurs et magistrats qui dressent procès-verbal au moindre manquement aux mœurs.

En réaction, l'Église catholique rouvre son vieux tribunal de l'Inquisition, actualise le droit canon, redéfinit la doctrine par les décrets du concile de Trente : la Contre-Réforme multiplie les règlements pour s'opposer à la « religion prétendue réformée ». Elle est mise en œuvre par une curie de cardinaux et des préfets de congrégations, titres et fonctions empruntés aux institutions romaines. Car, de leur basilique vaticane, les papes de la Renaissance apparaissent, plus que jamais, comme les héritiers d'une tradition romaine qui sacralise le droit et défend la foi avec le sceau des bulles et l'encre des décrets.

Aux XIXe et XXe siècles, les pontifes vont encore fustiger les idées modernes, condamner les doctrines, notamment en promulguant le fameux *Syllabus*, lancé par le pape Pie IX, en 1864, contre le socialisme, le rationalisme, le libéralisme et le panthéisme. En deux mille ans d'histoire, l'Église catholique a dressé une liste de vérités et un catalogue des erreurs dont l'ensemble forme 3 999 paragraphes de « symboles, définitions et déclarations des choses de la foi et des mœurs », réunis en un volume appelé *Enchiridion*. De cette remarquable précision, on retiendra que chaque article trouve sa place dans une longue série, puisque chaque pape ajoute ses propres définitions et déclarations à celles de ses prédécesseurs, sans jamais rien abroger ni amender, faisant du dépôt de la foi une suite d'alinéas.

Cette méthode énumérative, détaillant le vrai et le faux, le bien et le mal, n'est pourtant pas inutile : sa clarté, sa publicité — tous les textes de la curie et du pape sont largement diffusés — font du catholicisme le contraire d'une religion pour initiés ou d'un savoir ésotérique. Il ne comporte pas de vérité cachée ni de culte à mystère et chaque croyant peut trouver dans le catéchisme un résumé de la doctrine. Cette transparence, qui rebute tant les sectes, permet aux adversaires des enseignements pontificaux d'identifier les causes de leur désaccord. Si le Vatican n'a jamais prétendu être une démocratie, la publication des encycliques, largement commentée dans la presse, montre qu'il n'est pas un pouvoir occulte.

La méthode énumérative n'est pas une exclusivité du catholicisme. Lorsque Luther veut manifester son désaccord avec le pape, qui remet les péchés en échange de pieuses oboles, il placarde, sur les portes du château de

Wittemberg, les *Quatre-vingt-quinze thèses*, sur « la vertu des indulgences » (1517). À son tour, le moine d'Erfurt doit affronter les revendications des laïcs allemands de condition modeste, énoncées dans les *Douze articles de la paysannerie souabe* (1524). Luther rédige encore des *Articles de Smalkalde* (1536) pour défendre les positions des protestants face au pape, tandis qu'à Zurich le réformateur Zwingli défend ses *Soixante-sept thèses* (1523) devant l'évêque de Constance. Plus modeste, Calvin soumet quatre articles au Conseil de la ville de Genève, mais ses disciples anglais exposent leur doctrine dans une déclaration de quarante-deux articles (1553). Le protestantisme a formulé ses professions de foi comme des propositions de loi, avec la rigueur morale et la vigueur verbale de ceux qui croient à la vertu du changement.

De la loi d'Israël à la grâce de Jésus

Pendant que les protestants comptent les points de doctrine, les catholiques énumèrent les fautes et les peines dans de volumineux ouvrages précisant les catégories de péchés et les barèmes de pénitence. Ce souci du détail constitue un héritage de la loi biblique dont l'exactitude — Freud disait « l'obsession » — a peu d'équivalents. Elle s'exprime dans les 613 commandements du Deutéronome : un ensemble très complet d'obligations et d'interdictions, d'ordre civil et pénal, couvrant tous les domaines de la vie quotidienne et que le peuple juif, au retour de son exil de Babylone, fera valider par le roi Cyrus, son nouveau protecteur. Toujours en vigueur parmi les Juifs orthodoxes, cette législation, âgée de deux mille cinq cents ans, est, avec le code de discipline des moines bouddhistes, l'une des deux lois les plus anciennes au monde encore observées.

Ces commandements de la loi juive constituent l'une des variantes — parmi les plus sévères — du droit proche-oriental dont les codes sont, logiquement, les premiers de la planète, puisqu'ils ont été rédigés dans le Croissant fertile, berceau de l'écriture. Les premières lois connues sont d'ailleurs celles du roi Ur-Nammu (vers 2000 av. J.-C.), souverain d'Ur, ville natale d'Abraham, selon la Bible. Et, du code babylonien d'Hammurabi (vers 1700 avant J.-C.) à la loi musulmane de la charia en passant par la législation biblique, on observe une certaine continuité juridique. Les amputations pratiquées aujourd'hui en Arabie Saoudite étaient déjà prévues par les lois hébraïques, même si la procédure pénale exigeait des éléments de preuve ou des témoignages rigoureux : si une femme défendait son mari attaqué en saisissant les testicules de son adversaire, on devait couper la main de la femme. Et la Bible ajoute, pour les âmes sensibles : « Tu ne t'attendriras pas » (Deutéronome 25,12). Il est vrai que, dans les lois assyriennes, on préférait lui arracher le bout des seins[1].

On ne peut comprendre la miséricorde du Christ que par rapport à la sévérité du droit privé proche-oriental. Quand Jésus réprouve la lapidation d'une femme adultère — « Que celui qui n'a jamais péché lui jette la première pierre » (Jean 8, 7) —, il condamne un châtiment d'origine prébiblique qui est toujours infligé dans certains États musulmans. Quant au fameux voile dit islamique, également porté dans la Palestine du temps de Marie, il était déjà exigé en Assyrie, deux mille ans avant Mahomet, sous le roi Téglath-Phalasar Ier : c'était le moyen de distinguer la femme mariée de la prostituée, qui devait sortir la tête découverte[2]. À bien des égards, les sociétés du Proche-

Orient antique, malgré leurs différences religieuses, connaissent les mêmes interdits et les mêmes obligations.

La principale spécificité du droit d'Israël fut l'égalité devant la loi de tous les hommes en tant que fils de Dieu : « Vous aurez une seule législation : la même pour l'émigré et pour l'indigène car c'est moi, le Seigneur, qui suis votre Dieu[3] » (Lévitique, 24, 22). On est loin des législations du Proche-Orient ou du monde méditerranéen (notamment de Rome et d'Athènes) qui, à la même époque, prévoient diverses catégories d'hommes libres, d'étrangers ou d'esclaves. Dans tous ces pays, la pleine capacité juridique est liée au statut religieux personnel : pour bénéficier de la protection de la loi commune, il faut pouvoir rendre un culte aux dieux, qui sont les garants de l'ordre juridique. Or, l'accès de leurs temples est généralement réservé aux citoyens, alors que le Dieu d'Israël accepte les sacrifices des immigrés en souvenir du temps où le « peuple élu » n'était qu'une tribu de nomades. Cet agrément se situe également aux antipodes des lois religieuses indiennes, qui limitent aux seules castes agréées le droit de sacrifier.

Le droit du judaïsme tardif n'a pourtant guère été apprécié par Jésus. Celui-ci ne cesse de s'en prendre aux légistes, à ces scribes chargés de soupeser les fautes, à ces docteurs de la Loi qui se font appeler « maîtres ». Il s'est brouillé avec ses anciens interlocuteurs, lui qui, à l'âge de douze ans, dialoguait, tel un petit Mozart du droit, avec les maîtres de la Loi sur le parvis du Temple (Luc 2,46). Désormais, les légistes sont assimilés aux scribes, aux pharisiens « hypocrites » (ils étaient plutôt très scrupuleux) et autres doctes notables : « Vous aussi, légistes, vous êtes malheureux, vous qui chargez les hommes de fardeaux accablants, et qui ne touchez pas vous-mêmes d'un seul de vos doigts à ces fardeaux (Luc 11,46). Les légistes sont, pour Jésus, ce que les brahmanes représentent pour le Bouddha : la cible favorite. Le christianisme a été fondé contre les hommes de loi, et le bouddhisme contre les prêtres.

Droit humain et Jugement dernier

La justice de Jésus, pas plus que son Royaume, n'est de ce monde : le seul verdict qui compte est le Jugement dernier. Celui-ci apparaît comme très défavorable aux légistes de l'époque, qui promettent l'enfer à leurs semblables et risquent bien de s'y retrouver eux-mêmes. Le tribunal suprême appliquera un droit révolutionnaire selon lequel « quiconque s'élève sera abaissé et qui conque s'abaisse sera élevé » (Matthieu 23,12). Les rétributions seront surprenantes, puisque les ouvriers de la onzième heure auront la même récompense que ceux de la première. Et la sanction sera impitoyable : « Les premiers seront les derniers et les derniers seront les premiers » (Matthieu 20,1-16).

D'autres évangélistes se gardent bien de reprendre une formule aussi abrupte, susceptible de choquer les auditeurs des classes possédantes. Marc (10,31) écrit donc : « Beaucoup de premiers seront derniers et les derniers seront premiers. » Il y aura donc plus de gagnants que de perdants. Quant à Luc (13,30), il est encore plus prudent : « Il y a des derniers qui seront premiers et des premiers qui seront derniers. » Chacun peut donc être parmi les « bons » derniers qui montent ou les heureux premiers qui ne descendent pas.

La version implacable de Matthieu n'a guère été appliquée que par des organismes fanatiques comme le Comité de salut public de la Terreur ou les tribunaux du peuple de Lénine. Les versions plus nuancées de Marc ou de Luc rejoignent la « discrimination positive » (affirmative action) telle qu'elle est appliquée aujourd'hui aux États-Unis ou en Inde pour réserver des avantages aux membres des ethnies ou des castes défavorisées.

Entre-temps, la diffusion du christianisme aura dû beaucoup à un autre système juridique, celui du droit romain. En effet, saint Paul n'aurait pas pu évangéliser le bassin méditerranéen ni rédiger ses Épîtres s'il n'avait bénéficié d'un remarquable privilège : ce Juif de langue grecque, né en Turquie (à Tarse) et habitant la Syrie (à Damas), était citoyen romain, une qualité qu'il devait à sa naissance et non à sa fortune. Il jouait de cet atout avec une modestie feinte, se disant « citoyen d'une ville qui n'est pas sans renom » (Actes 22,39).

Mais un homme qui suscitait des sarcasmes à Athènes et des émeutes à Éphèse n'aurait pas prêché longtemps sans une telle immunité, qui interdisait à tout magistrat local de le juger. En Macédoine, les stratèges sont « saisis par la crainte » en apprenant sa qualité et « viennent s'excuser » (Actes 16,39). À Jérusalem, où Paul échappe au fouet, le tribun « prend peur » (Actes 22,29), et le gouverneur Félix se montre plus clément avec lui que Ponce Pilate avec Jésus : il interdit au Sanhédrin de le juger pour profanation du Temple, et Paul pourra continuer sa prédication jusqu'à Rome, où l'empereur finira par le faire mettre à mort. Toute la vie et l'œuvre de saint Paul sont un triomphe du droit romain sur la Loi juive, surpassée par la grâce du Christ et subordonnée au pouvoir de Rome.

Ce thème de la grâce du Christ offerte à tous les hommes et remplaçant la Loi du peuple élu forme la réflexion centrale de l'Épître aux Romains. Dans ce texte, Paul conseille aux chrétiens d'être « soumis aux autorités », c'est-à-dire aux représentants de Rome. Malgré les persécutions, ils s'efforceront donc de vivre en paisibles habitants d'un empire dont l'Église reprendra l'une des institutions majeures : le diocèse. Celui-ci, avant de devenir un évêché, était, depuis la réforme de Dioclétien (284), la circonscription administrative de base, l'équivalent de nos départements. C'est donc à cet empereur voué au dieu Jupiter, qui fut le plus grand persécuteur de chrétiens, que l'Église doit ses martyrs et ses diocèses.

Auparavant, Jésus aura été victime à la fois du droit romain et de la Loi juive en étant condamné par le conseil du Sanhédrin, traduit devant Pilate puis Hérode, enfin exécuté par les soldats romains. Il aura tout connu des sinuosités de la procédure, tout subi des atermoiements d'un tribunal, tout souffert de la faiblesse des témoins, dont le principal, Pierre, le reniera trois fois. Le procès de Jésus est aussi celui de la machine judiciaire, de ses impeccables rouages et de ses mortels engrenages.

Le christianisme est bien la seule religion née d'une décision de justice, la crucifixion de Jésus, et le Jugement dernier apparaît comme l'ultime cassation de tous les verdicts humains. Les confessions chrétiennes et, notamment, l'Église catholique ne renonceront pourtant pas aux lois terrestres : elles créeront même un droit ecclésiastique, alors que Jésus avait d'abord été condamné par des prêtres, ceux qui siégeaient au conseil des Anciens. Les ordres religieux se doteront d'un minutieux appareil juridique pour organiser leur vie collective et encadrer les comportements individuels : le nom de ces « constitutions » sera d'ailleurs repris pour désigner les textes suprêmes du droit profane. Et, avant même que, le 3 septembre 1791, la France eût sa première Constitution, elle s'était déjà dotée, le 12 juillet 1790, d'une Constitution civile du clergé.

En supprimant les trois ordres, le droit révolutionnaire

reprendra alors à son compte la vieille innovation de la Torah : l'égalité de tous devant la loi. Les justiciables égaux ne s'appelleront plus fils de Dieu, mais enfants de la patrie : nés d'un même Père spirituel, ils ont les mêmes droits. Au nom du même idéal, le droit républicain refusera les congrégations catholiques et leur opposera la loi de 1901 sur les associations, imprégnée d'une idéologie libertaire et égalitaire[4]. Et, par un étonnant parcours de l'histoire, la république laïque fera bon accueil aux fils d'Israël, ce peuple si religieux, et entretiendra de biens meilleurs rapports avec la communauté juive qu'avec l'Église catholique, pourtant imprégnée de cette civilisation romaine qu'on enseignait dans les facultés de lettres et de droit.

Discipline bouddhique

Face au christianisme et à sa primauté de l'institution, le bouddhisme apparaît à l'homme occidental comme bien éloigné des structures sociales et de leurs pesanteurs juridiques. S'intéressant plus au destin de l'individu qu'au salut collectif, le bouddhisme concerne moins l'histoire des peuples que la géographie de l'âme : il dresse une carte des désirs, aménage des zones de renoncement loin de l'agitation des foules et des cogitations des rois, à l'écart des soulèvements populaires et des manœuvres du pouvoir. Dans ce continent asiatique si attaché aux valeurs du groupe et si marqué par la présence de masses humaines, les spiritualités bouddhiques font contrepoids aux pesanteurs de la foule en se centrant sur la personne. Et le contemplatif zen a pour idéal de « juste être assis » (en japonais *Shikantaza*), aucune animation collective ne pouvant surpasser cette posture individuelle.

Dans la sublime beauté de son regard impassible, le Bouddha historique est un modèle immobile dont les sculpteurs détaillent la pose ou le geste, rarement les mouvements d'humeur ou les froncements de sourcils. Le Bouddha semble traduire un sentiment figé, une émotion pétrifiée, alors que le Christ est souvent représenté en déplacement, de la montée du Calvaire à la descente de la Croix, de la procession des Rameaux à « l'enlèvement[5] » de l'Ascension. Pour montrer sa domination sur les éléments, Jésus marche sur les eaux quand le Bouddha trône sur son lotus.

Bouddha serait-il donc indifférent au sort des hommes ? Sûrement pas, si l'on en juge par la minutie de ses instructions. Et l'une des Trois Corbeilles, contenant certains des plus vieux éléments du canon, est la Corbeille de discipline *(Vinaya-pitaka)* concernant l'organisation de la vie monastique et l'existence quotidienne des moines, envisagée dans ses moindres détails. Ce traité en six volumes, auprès duquel la règle de saint Benoît est un modeste opuscule, énonce les multiples préceptes qui s'imposent aux religieux, et vont de l'hygiène corporelle au choix des lectures. Par ce texte essentiel, le bouddhisme se définit d'abord comme une stricte observance.

Car les prescriptions sont sévères. Outre les devoirs de prière, d'étude des Écritures et de méditation, le moine observe des préceptes dès l'ordination mineure — à partir de sept ans, lorsque l'enfant peut réciter une formule d'admission dans la langue sacrée — et sera soumis à l'intégralité de la règle lors de son admission définitive, vers vingt ans. Comme les religieux chrétiens, il devra alors faire vœu de chasteté, cette « conduite digne d'un saint homme », et de pauvreté, cette vertu du moine-mendiant. Il ne devra donc rien posséder pour lui-même et quêter sa nourriture, qui sera absorbée avant midi, avec, parfois, une exception pour les fruits et les boissons.

Ces exigences ne sont pas sans rappeler les paroles de Jésus à ses disciples : « Vendez tout ce que vous possédez et donnez-le en aumône » (Luc 12,33) ; « Quiconque ne renonce pas à tout ce qui lui appartient ne peut être mon disciple » (Luc 14,33). Le moine doit quitter le monde et le siècle, les plaisirs du lieu et les distractions du moment. Le *vinaya* est littéralement le fait d'« emmener à l'écart » du monde et de ses désirs comme l'éducation (*educare* « conduire hors de ») est le fait d'éloigner de l'enfance et de ses plaisirs. Cette retraite du vinaya n'est pas pour autant la fuite de toute civilisation, car le ravitaillement ne peut être assuré qu'à proximité de la présence humaine. Les monastères bouddhistes, comme leurs homologues bénédictins, sont généralement implantés près des villages.

La discipline des moines bouddhistes comprend 227 règles applicables aux hommes et 348 destinées aux femmes, plus soumises aux tentations. Ces règles forment le *prâtimoksha*, un mot dont le sens premier est fort discuté. Il peut évoquer une unité, une cohésion intérieure, quelque chose qui s'oppose à la dispersion des sens et aux distractions des plaisirs. La religion ne serait donc pas, dans le bouddhisme, un lien entre les fidèles du même Dieu — comme dans le christianisme — mais une fusion intérieure des idéaux du bien, un encerclement psychique des forces du mal par la cohérence de la méthode et la convergence des énergies. Cette pédagogie de la sainteté correspondrait assez bien à la définition de la religion par Michel Serres : « La religion, c'est le contraire de la négligence. »

Mais le prâtimoksha peut également signifier un « abandon du péché ». Les règles de vie, récitées deux fois par mois au monastère, sont alors considérées comme des moyens de prévenir les fautes. Et les moines seront invités à avouer devant leurs pairs tout manquement à la discipline. Ils perpétuent ainsi la confession publique, déjà pratiquée par les brahmanes, mais tenue aussi en honneur dans les monastères chrétiens. Plusieurs millénaires avant l'autocritique des militants communistes, des religions aussi différentes que l'hindouisme, le bouddhisme ou le christianisme avaient perçu la dimension communautaire de la défaillance individuelle et l'effet culpabilisant de l'aveu public, dont la peur engendre le souci de ne pas transgresser la règle collective.

Cinq préceptes et dix perfections

En dehors de la vie monastique, le bouddhisme n'impose aux fidèles que quelques rares interdits, dont le nombre ne dépasse pas les cinq doigts d'une seule main, outils mnémotechniques dont disposent tous les croyants, fussent-ils illettrés. Le laïc bouddhiste doit observer cinq préceptes présentés sous une forme négative : s'abstenir de prendre la vie (y compris animale), s'abstenir de prendre ce qui n'est pas donné (c'est-à-dire ne pas voler), s'abstenir de mal agir avec les plaisirs sensuels (notamment avec l'adultère), s'abstenir de fausses paroles, s'abstenir de produits toxiques pouvant altérer l'esprit (notamment l'alcool).

Le bouddhisme a une prédilection pour le chiffre cinq, qui correspond d'ailleurs aux cinq sens (toujours dangereux), aux cinq impuretés (de l'époque, du désir, des personnes, de la pensée et de la vie) et aux cinq fautes capitales (tuer son père, tuer sa mère, tuer un arhat, blesser un bouddha et provoquer la désunion chez les croyants). Ces énumérations comprennent de nombreuses variantes selon les écoles, mais le nombre d'exigences demeure relativement modeste puisque le laïc n'est pas appelé à une vie future aussi élevée que le moine. Comme les membres des castes inférieures de la religion hindoue, on ne saurait lui appliquer des interdits trop nombreux. Il s'agit là d'une différence notable par rapport au christianisme, pour lequel, tous les baptisés étant appelés à la même sainteté, la liste des fautes à éviter demeure importante, même en l'absence de vœux monastiques.

Mais les cinq préceptes ont aussi leur versant positif : il faut pratiquer le bien, faire preuve de bonté et de compassion, multiplier dans la vie présente les actes (karma) qui, ajoutés à ceux des existences antérieures, formeront un solde global. Le bouddhisme ignore la notion chrétienne de Jugement dernier des vivants et des morts où chaque vie sera évaluée définitivement. Il ne connaît pas non plus cette amnistie périodique que représente l'absolution des péchés par la confession. Il faut donc constamment accroître son bénéfice moral et, pour mettre l'accent sur les mérites, les cinq préceptes négatifs sont doublés par les dix perfections : générosité, conduite morale, absence de sensualité, sagesse, énergie, patience, sincérité, détermination, bonté, équanimité. Le bouddhisme, vécu hors des monastères, comporte donc moins d'interdits personnels que d'obligations à l'égard du prochain : autant les moines sont voués à l'ascèse, autant les laïcs sont invités à l'altruisme et, notamment, à la générosité envers les moines.

Opinion majoritaire

Ces obligations morales ont-elles des implications doctrinales ? Répondre par la négative reviendrait à faire du bouddhisme une religion plus éthique que dogmatique, mieux pourvue en préceptes moraux qu'en articles de foi. Une telle affirmation n'est pas fausse, mais repose sur une conception purement spéculative du dogme, radicalement séparé de la vie du croyant. Et l'on peut alors soutenir qu'en ses débuts le christianisme n'était pas une religion dogmatique dans la mesure où Jésus a placé la compassion du Bon Samaritain au-dessus de la doctrine des légistes et où saint Paul a mis la charité au-dessus de la foi : « S'il me manque l'amour, je ne suis rien » (1 Corinthiens 13,2).

La notion de dogme est d'ailleurs très peu utilisée par le Nouveau Testament — le mot *dogma* n'apparaît que cinq fois — où elle correspond soit à des édits de l'empereur soit à des instructions pratiques des Apôtres aux Églises locales. Elle se développe avec les Pères de l'Église — au sens de système de croyances ou de loi religieuse — et ne deviendra courante, dans sa signification actuelle, qu'à la fin du XVIIIe siècle, quand les théologiens catholiques et protestants chercheront à préciser les positions de leurs Églises respectives en utilisant, d'ailleurs, des mots différents : les références des catholiques seront « doctrinales » et celles des protestants « dogmatiques », l'origine latine du premier adjectif et grecque du second correspondant aux langues préférées des deux confessions. De plus, le dogme chrétien servira de réponse aux thèses agnostiques ou déistes du siècle des Lumières, vérifiant ainsi le principe général selon lequel on se définit en s'opposant.

Mais l'histoire du dogme montre l'ambiguïté de ce terme. Le *dogma* ou la *doxa* (deux mots qui dérivent du verbe *dokeô*, penser) était, en grec classique, une opinion parmi d'autres dont la patristique fera une règle de foi : aux controverses philosophiques des auteurs « païens » succède l'unité dogmatique des Pères de l'Église, cette orthodoxie ou « opinion droite » qui réfute la pensée de l'adversaire, devenu un hétérodoxe quelque peu gauche ou à gauche, un peu maladroit dans sa subversion[6]. La fusion des doctrines doit mettre fin aux querelles d'écoles, même s'il faut gommer quelques légitimes différences pour ne pas troubler la masse des fidèles et respecter l'intégrité de la « tunique sans couture » de l'Église du Christ : de même que Jésus sur la Croix portait un vêtement « tissé d'une seule pièce » (Jean 19,23), les chrétiens ne doivent pas déchirer la robe ecclésiale.

Le *dogma* exprime ce qui est à la fois docte et décent, convenable et bienséant : il n'est pas étranger au sondage d'opinion et correspond à l'adage : *Vox populi, vox Dei.* L'Église n'a, en effet, retenu dans ses dogmes que les points ayant fait l'objet d'un large accord : aucun des articles de foi définis entre le IVe et Ve siècle n'a d'ailleurs été remis en cause par les schismes ultérieurs, y compris par celui de la Réforme. La foi chrétienne exprime l'opinion majoritaire, le sens commun des Églises méditerranéennes voici mille cinq cents ans : une opinion ratifiée par les votes des conciles tenus à Nicée, Constantinople, Éphèse et Chalcédoine. Toutes ces villes se trouvent d'ailleurs sur le territoire de l'actuelle Turquie, aux confins de l'Europe et de l'Asie, en ces détroits où se rejoignent bien des courants et se mélangent tant d'influences : le dogme est né sur les rives du Bosphore, à la pointe de l'Asie et à l'orée de l'Europe, tout près du futur terminus de l'Orient-Express, haut lieu de l'exotisme et des métissages, de l'espionnage et de l'énigme policière. Le dogme se situe entre le carrefour des idées et le parfum du mystère.

Vision correcte

Le bouddhisme a aussi sa juste pensée, son « opinion correcte » ou *Samyag Dristhi*, qui constitue la première voie du Noble Octuple Sentier. Cette « correction » ne sépare pas forcément le juste du faux, ni la vérité de l'erreur. Elle indique plutôt un faisceau de présomptions, une convergence d'indices qui rendent vraisemblable une doctrine et apportent la plénitude à celui qui considère cette hypothèse comme une perfection. Or cette méthode, plus pragmatique que spéculative, cherche une approche cohérente de l'enseignement du Bouddha et analyse chaque élément en fonction de l'harmonie de l'ensemble. L'opinion correcte s'inscrit d'abord dans la « Voie du milieu » : elle est un compromis entre la contemplation et la compréhension, la fixité du regard et l'acuité de l'intelligence. Cette acuité s'inspire elle-même de la perspicacité du Bouddha, dont la vision profonde est symbolisée, sur certaines statues, par un troisième œil au milieu du front. Cette opinion correcte relève du voir et du savoir, deux notions indissociables dans la pensée indienne : la Dristhi est à la fois la vue et le point de vue, un regard de l'intelligence, comme le Veda de la religion védique était à la fois une vision du monde et une science de l'univers.

L'opinion correcte est-elle étrangère au monde du droit ? Elle doit surtout être conforme au Dharma, valeur essentielle de l'hindouisme et du bouddhisme, sur laquelle reposent toutes les autres. Car le Dharma (dérivé de la racine *dhr* « porter », « soutenir ») est ce qui tient l'homme et porte le monde : il est devoir et fardeau, solide comme une montagne, rangé comme la vertu, toujours pesant et massif, jamais oublieux ni désordonné. Le Dharma exprime la loi et l'ordre auxquels, en bon Indien, le Bouddha s'est soumis en lui apportant, toutefois, un correctif essentiel. Dans l'hindouisme, le Dharma diffère selon la naissance de chaque individu, et donc selon sa caste. Dans le bouddhisme, il n'y a qu'un seul Dharma pour les personnes de toutes conditions, un même devoir social qui s'impose à tous et réalise l'égalité des hommes devant le bien et le mal.

Le Dharma bouddhique est plus moral que légal : il correspond à la « vraie nature » de l'homme, la droiture, et à la loi cosmique de l'univers, la renaissance. Le romantisme en moins, il fait penser à la bonté naturelle de l'homme selon Jean-Jacques Rousseau. Le dynamisme en plus, il évoque le mythe de l'éternel retour transformé en perpétuel devoir. Car le Dharma est orienté vers la progression de chacun au cours de ses nombreuses existences. Le Dharma existait donc avant le Bouddha historique, qui eut de nombreux prédécesseurs et aura un successeur dans une nouvelle ère soumise à un autre Dharma : Maitreya, « celui qui aime », incarnation de l'amour universel, et bouddha du Futur qui, dans trente mille ans, deviendra le maître du monde.

Par rapport à nos conceptions occidentales du droit, si la loi dispose pour l'éternité[7], le Dharma prépare un avenir mouvant. En ce sens, on peut voir dans *les* Dharmas, valables pour des ères différentes, des sagesses successives, des règlements provisoires à l'échelle des temps cosmiques. Il n'y a pas de tables de la Loi gravées une fois pour toutes, mais un ordre évolutif, qui doit correspondre à des existences différenciées. Ce droit mutant émane non des « décrets de Dieu » — pour reprendre une expression chère à Bossuet —, mais de la nature du monde en permanente évolution à cause de la souveraine impermanence du cours des choses.

On risque donc de se laisser abuser par la Roue de la Loi (Dharma-Cakra), symbole de la doctrine bouddhique avec ses huit rayons figurant le Noble Octuple Sentier. Même si elle représente la ronde sans fin des renaissances, la Roue bouddhique n'est pas réglée par un maître des horloges qui disposerait du ressort de la vie comme d'un mouvement perpétuel. Des traditions affirment d'ailleurs qu'elle a été trois fois mise en mouvement : lors du premier sermon du Bouddha après son Illumination, lors de la fondation du Mahâyâna puis du Vajrayâna. Ce n'est pas la roue de la chance du cercle de jeu, mais plutôt la roue du véhicule sur un chemin ardu.

Dans l'Inde ancienne, la Roue (Cakra) était celle du char de guerre des Aryens. C'était aussi un disque, à la fois arme de jet et symbole du soleil[8]. C'était enfin un cercle d'adorateurs de Dieu et, appliqué au corps humain, un système de centres d'énergie : des points où se concentrent les forces naturelles et d'où elles rayonnent.

Politiquement, on appelait Cakravartin, ou « maître de la Roue », un monarque conquérant dont le char balayait les obstacles tel un Roi-Soleil tournoyant sans arrêt. Le Bouddha historique transformera cette prérogative royale en exigence spirituelle lorsqu'il fera tourner la Roue de la Loi. Celle-ci représente alors un rayonnement intérieur, le recentrage de l'individu sur la maîtrise de lui-même qui fait de chaque homme éclairé son propre souverain.

Les lois de l'« humain »

Ce travail d'intériorisation de la loi est à replacer dans son environnement géographique. La doctrine du Bouddha a rayonné sur le monde indien et le monde chinois, déjà imprégnés de traditions juridiques bien établies. L'Inde antique possédait un recueil de traditions connu, en français, sous le nom de *Lois de Manu.* Ce personnage mythique, dont le nom signifie « humain », est le premier homme selon la légende, une sorte d'Adam législateur qui aurait réglementé tous les domaines de la vie sociale et familiale à l'intérieur du système des castes. Son œuvre est autant politique que juridique et se situe fort loin de l'enseignement du Bouddha, assez indifférent à l'égard de la vie institutionnelle. Selon Manu, « c'est pour le roi que le Seigneur créa autrefois son fils Dharma, protecteur de tous les êtres, Châtiment (incarné), fait de l'éclat de Brahman (l'Absolu) ». Une telle affirmation fait penser au Dieu des chrétiens qui, pour sauver et juger le monde, envoie son Fils, même si celui-ci n'est pas un principe absolu mais un Dieu personnel.

Manu ajoute : « Par crainte de lui (le roi), tous les êtres, mobiles et immobiles, se laissent être objets de jouissance et ne s'écartent pas de leurs devoirs. Le Châtiment, c'est le roi, le mâle, c'est le chef et l'administrateur : c'est le garant des quatre modes de vie (castes). » Pour Manu, le roi fait la loi et réprime l'illégalité. Il nous rappelle ainsi que « roi », « règle » et « droit » sont trois mots de même origine (racine indo-européenne *reg*), dont le sens premier est géométrique : le roi trace des frontières — si possible en droite ligne — et marche droit sur l'ennemi ; le droit marque les limites rigides entre le permis et le défendu sous forme de règles fixes, qui barrent la route aux infractions. Nous vivons sous le régime du droit, le règne de la loi et le pouvoir d'un roi : les lois de Manu sont empreintes d'une grande vérité politique, mais ne sont guère compatibles avec la doctrine bouddhique, pour laquelle, en théorie, le droit est la loi du plus sage et non celle du plus fort.

La Chine a longtemps connu, comme l'Inde, un lien étroit entre le juridique et le politique. En chinois, un même mot *(quán)* désigne le droit et le pouvoir. Au

IVe siècle av. J.-C., l'École des lois (ou des légistes) subordonna toute activité humaine au respect de la législation impériale, substituée aux pouvoirs locaux. Cette antique théorie de l'État centralisé et coercitif s'accompagnait d'une normalisation de l'immense espace chinois, de l'écriture, du système de mesure, voire de l'écartement des essieux. Le plus remarquable est que, malgré son caractère nationaliste, elle ne put durablement freiner la diffusion du bouddhisme, doctrine importée.

Une telle méthode jacobine, efficace et contraignante, connut son régime de terreur, puisque à cause d'elle on brûla les ouvrages hérétiques, notamment ceux de Confucius, l'éternel exclu des allées du pouvoir : avant que sa doctrine ne devienne l'alliée et l'instrument des autorités, le sage avait été évincé de la cour du roi de Lu, et avait proposé, en vain, ses services à d'autres princes. Cette sévérité traduit l'importance des problèmes d'organisation dans un empire démesuré et disparate, où le peuple fait volontiers preuve d'indiscipline. Les discordes des Chinois, aussi célèbres que les querelles des Gaulois, furent de bons contrepoids au légalisme centralisateur. Le taoïsme, préoccupé, avant tout, par la santé de l'individu, se révéla aussi un remarquable antidote à cette oppression du collectif. Quant au bouddhisme, centré sur le développement personnel et la vie monastique, il se situa d'emblée sur un plan non institutionnel et extra-juridique. Ce détachement à l'égard des querelles nationales et du pouvoir temporel — pris en charge par le confucianisme — lui permit de prospérer en Chine plus facilement que le catholicisme, trop marqué par le droit canonique et l'autorité papale, voire que l'Islam, gêné par les sévères règles du droit musulman. À la différence de ces deux dernières religions, le bouddhisme ne faisait pas une concurrence directe au culte de l'empereur ni aux lois du pays.

Le Credo de l'empereur

Droit et religion semblent suffisamment proches pour que, dans le langage courant, on associe en un même rejet mécréants et délinquants, ces hommes « sans foi ni loi ». Le bouddhisme a tenté d'établir de nouveaux rapports entre les domaines juridique et théologique : il cherche à mettre la loi au cœur de l'homme et non au-dessus de lui, et souhaite donc établir un règlement intérieur, un équilibre psychologique qui rende inutile l'alliance répressive du glaive et de la balance. Mais le bouddhisme, pas plus que le christianisme, n'a pu éviter les formulations juridiques des assemblées délibérantes. Les deux religions ont eu donc recours à l'institution conciliaire pour régler des différends et fonder une doctrine.

Les conciles chrétiens sont au nombre de vingt et un[9], répartis assez harmonieusement sur deux millénaires. Les conciles bouddhiques ne sont que six, et le premier relève probablement plus du mythe que de l'histoire, tandis que les deux derniers (tenus en 1868-1871 et en 1954-1956) ne regroupèrent que des délégués du Petit Véhicule. En fait, depuis le quatrième concile, tenu au IIe siècle ap. J.-C. au Cachemire, il n'y a pas eu de congrès général — ou accepté comme tel — du bouddhisme. Plus encore, il n'y a pas eu de rencontre officielle à visée dogmatique entre représentants du bouddhisme indien, chinois, japonais et tibétain. Mais il est vrai aussi que, depuis un millénaire, catholiques, orthodoxes et protestants n'ont jamais pu réunir une assemblée commune ayant des pouvoirs de décision pour aplanir leurs différends.

Une particularité importante concerne le catholicisme, dont la foi a été substantiellement et solennellement complétée depuis un siècle et demi avec la proclamation des dogmes de l'Immaculée Conception (1854) et de l'Assomption (1950) de la Vierge Marie : deux définitions voulues par les papes et engageant l'Infaillibilité pontificale, un dogme défini en 1870. L'innovation dogmatique autour de ce couple marial et papal est assez originale dans l'histoire des religions, plus marquée par la tradition que par la nouveauté. L'accession d'une personnalité, le pape, aussi sainte soit-elle, au rang d'autorité dogmatique est une autre spécificité : les bouddhistes comme les orthodoxes ou les protestants se reconnaissent dans une foi définie par un synode ou un concile, c'est-à-dire dans une croyance collective authentifiée par un organisme collégial.

Le contexte politique et historique de l'Infaillibilité est primordial : le dogme est défini le 18 juillet 1870, alors que le pape et les évêques sont placés sous la protection des troupes envoyées par Napoléon III. Le lendemain, éclate la guerre franco-prussienne et les soldats français quittent précipitamment la Ville éternelle, où le républicain Garibaldi fait son entrée, tandis que le pape se considère prisonnier et que le concile est suspendu *sine die*. L'Infaillibilité pontificale doit beaucoup au soutien de l'empereur des Français, à la prudente neutralité du chancelier Bismarck et à la dégradation de la situation internationale, qui prive les opposants des soutiens attendus[10]. Dans une ambiance d'extrême tension, le trône a protégé l'autel et le pape a proclamé le dogme.

Mais en fut-il jamais autrement ? Charlemagne fit ajouter au Credo la formule du *filioque* précisant que l'Esprit procède du Père *et* du Fils, alors que les chrétiens orientaux affirment qu'il procède du Père *par* le Fils. Et le pape Léon III finit par accepter cette formulation théologique de l'empereur d'Occident, tant il avait besoin de son soutien militaire. Cette soumission du spirituel au temporel fut l'une des causes du grand schisme entre Rome et Constantinople qui, elle aussi, pratiquait le césaro-papisme.

Le contrôle de l'empereur sur les évêques est une constante de l'histoire du dogme chrétien. Les huit premiers conciles œcuméniques furent convoqués à la demande de l'empereur, et les décisions des évêques reçurent le sceau impérial : le symbole de Nicée, prototype du Credo, fut ratifié par Constantin. De même que la Loi juive avait été approuvée par Cyrus, le dogme chrétien eut l'aval du pouvoir profane qui en avait été l'initiateur.

Cette collusion du mystique et du politique peut surprendre[11] surtout lorsque l'on considère le rôle essentiel joué par un officier breton, Constantin, co-empereur d'Occident. Après avoir poussé au suicide son *alter ego*, puis vaincu le fils de celui-ci à la bataille du pont Milvius, l'Auguste se montra favorable à l'Église, car il devait, dit-on, son succès militaire à la Croix du Christ. Entre-temps, Constantin avait fait noyer sa fille et mettre à mort son gendre ainsi que son beau-frère, empereur d'Orient. Ayant réalisé l'unité de l'empire, le protecteur de la foi fit convoquer par le pape le concile de Nicée avant de songer, enfin, à se faire baptiser sur son lit de mort par un évêque hérétique, obtenant ainsi l'absolution certaine de ses péchés. Tel est l'homme à qui l'on doit le Credo.

Mais ces curieux rapports entre César et Dieu, qui offensent la morale privée, ont pu servir la paix civile ou, du moins, la concorde religieuse. En effet, les empereurs « chrétiens » réunirent des conciles afin de trancher des questions litigieuses — telles l'arianisme et le monophysisme, deux doctrines portant sur la nature du Fils par rapport à celle du Père — susceptibles de déchirer l'Église, voire de démembrer l'Empire, tant les litiges profanes et religieux étaient inextricablement mêlés. Les majorités de circonstance qui se dégagèrent alors ont voté des symboles de foi qui sont toujours en vigueur. C'est ainsi que de manœuvres « byzantines », vieilles de quinze cents ans, est né le Credo, qui a traversé les siècles.

Le bouddhisme conciliaire

Les premiers conciles bouddhiques — dont le déroulement est fort mal connu — ont eu un caractère politique moins affirmé que leurs homologues chrétiens. Dans la mesure où leur objet principal était la discipline monastique et non la foi des laïcs, ils concernaient assez peu les dirigeants de la société civile. Les deux premiers conciles (480 av. J.-C. ? et 386 av. J.-C. ?) auraient complété le règlement intérieur des monastères, généralement dans un sens strict : refus des boissons alcoolisées, respect des périodes de jeûne, etc.

Les troisièmes et quatrièmes conciles (vers 250 av. J.-C. et 130 ap. J.-C.) réglèrent, semble-t-il, d'autres querelles internes, tout en approuvant la rédaction du canon bouddhique. Il n'est donc pas étonnant qu'on attribue — sous toutes réserves — leur convocation respectivement à l'empereur Ashoka, l'un des fédérateurs du sous-continent indien, et au roi Kanishka, un souverain régnant sur une partie des vallées de l'Indus et du Gange. Ces conquérants ont probablement cherché à réaliser l'unité des croyants après celle des territoires. Et le meilleur moyen d'unir les fidèles était de leur donner à lire ou à réciter les mêmes livres. Le cinquième concile, également consacré au canon, fut aussi présidé par un important souverain, le roi birman Mindon (1853-1878). Il aboutit à un important remaniement du canon, alors que les retouches apportées par le sixième concile furent plus modestes. Ce recours à des conciles pour trancher des débats scripturaires constitue une différence importante avec le christianisme, dont le canon a été fixé assez tôt, dès la fin du IIe siècle ap. J.-C., et en l'absence de toute incitation ou coercition politique, puisque les empereurs de l'époque étaient « païens ».

Au total, dans le christianisme et, à un moindre degré, dans le bouddhisme, l'intervention du pouvoir temporel apparaît comme celle d'un tiers difficilement remplaçable : les religieux font appel à un arbitre puissant capable de trancher les litiges et d'imposer l'unité. C'est ainsi que le « bloc de la foi » naît d'un pouvoir fort, quelque peu monolithique. On retrouve ici l'image minérale des tables de la Loi, des stèles d'Ashoka ou de Mandalay : les vérités fortes se gravent dans le roc, la pierre sainte dont, pour les catholiques, saint Pierre fut l'incarnation.

Le concile franco-allemand

Dans l'histoire des conciles, il y a pourtant une exception moderne, sans équivalent dans aucune autre religion : Vatican II, « le plus grand événement du XXe siècle », disait le général de Gaulle. Et, peut-être, le plus grand malentendu, si l'on songe à ce qu'il a provoqué d'espérances et de désillusions.

Vatican II est, sur le plan historique, le double fruit de la victoire sur le nazisme et de la réconciliation franco-allemande. Le pape Jean XXIII, qui convoqua le concile, ne put être élu pape que grâce à une accélération de sa carrière diplomatique liée aux événements internationaux : modeste nonce à Istanbul, il fut nommé au poste prestigieux de Paris parce que le général de Gaulle avait exigé le départ de son prédécesseur, trop lié au régime de Vichy. La bonhomie du futur « bon pape Jean » fit merveille dans l'ambiance de la Libération et lui valut une flatteuse promotion au patriarcat de Venise, tremplin idéal — c'était déjà le siège de Pie X — vers le Vatican, où il succéda à Pie XII, ancien nonce à Munich et à Berlin, grand admirateur de l'Allemagne qui venait d'être vaincue. En ce sens, l'élection de Jean XXIII, suivie presque immédiatement par la convocation de Vatican II, fut l'une des dernières conséquences de la victoire des armées alliées, qui avaient, quinze ans plus tôt, libéré l'Europe.

Les cardinaux de la curie tentèrent bien d'enterrer le projet novateur dans le carcan de leurs canons et les arcanes de leur jargon, mais un axe franco-allemand refusa l'enlisement du concile. Sous l'impulsion du cardinal Liénart, évêque de Lille, et du cardinal Frings, archevêque de Cologne, assistés de nombreux théologiens, la majorité conciliaire décida de jeter les bases d'une nouvelle communauté ecclésiale, un peu comme les Français et les Allemands venaient de fonder une nouvelle communauté européenne : il s'agissait d'ouvrir aux signes des temps du monde moderne pour bâtir un univers plus fraternel. Cet *aggiornamento* ou mise à jour de l'Église est un phénomène rare dans l'histoire des religions, qui exaltent la tradition et se méfient du changement : c'est une nouvelle Réforme, qui n'a pas pleinement réussi, car les tendances conservatrices n'ont pas tardé à refaire surface, notamment depuis le pontificat de Jean-Paul II. L'effondrement du rideau de fer marque aussi le retour au religieux de l'Europe de l'Est, porteuse d'orthodoxie doctrinale et de Tradition magnifiée.

8.

La mort

Seuls les mortels ressuscitent ou se réincarnent : par définition, les immortels n'ont qu'une vie. Faut-il donc prolonger la vie jusqu'à l'extrême ou bien reporter ses espoirs sur une autre existence ? Science et religion ont souvent été confrontées à ce dilemme, si actuel avec les débats sur l'acharnement thérapeutique comme avec la multiplication des centenaires. Mais il convient de garder à l'esprit qu'au temps du Christ et du Bouddha, l'espérance de vie était plus faible, et l'échéance de la mort plus proche.

La position de Jésus semble claire : il faut mourir pour renaître. « Si le grain de blé tombé en terre ne meurt pas, il demeure seul ; mais s'il meurt, il porte beaucoup de fruits. Celui qui aime son âme la perd, et celui qui hait son âme en ce monde la conservera pour la vie éternelle » (Jean 12,24). Haïr son âme, son souffle, son inspiration peut-être, semble donc le meilleur moyen d'accéder à l'éternité. Jésus n'a jamais beaucoup aimé l'« âme » des Anciens ni le « souffle » des grands scribes, ces « immortels » de l'époque. Son destin serait plutôt celui du héros qui meurt jeune et fait naître une légende.

Mais il faut préciser la notion de « vie éternelle » de l'âme avancée par saint Jean. Si *éternel* veut dire « immortel », cette éternité de l'âme correspond bien à la pensée indienne qui fait de l'âme un être permanent migrant de corps en corps. Si *éternel* signifie « ressuscité », deux modes de croyance s'affrontent : quand saint Paul parle de « résurrection des morts » — et, donc, des corps —, des Athéniens se moquent de lui ou bien déclarent : « Nous t'entendrons là-dessus une autre fois » (Actes 17,32).

En effet, de nombreux Grecs, familiers des mystères d'Éleusis et du mythe de l'éternel retour, croyaient qu'Orphée était descendu aux enfers pour ramener des âmes, et cet orphisme — très proche de la pensée indienne et peut-être influencé par elle — faisait concurrence au christianisme dans lequel le Christ est descendu aux enfers vaincre la mort et non chercher des âmes. La véritable opposition n'est pas entre réincarnation et résurrection — peu importent les modalités pourvu qu'on échappe à la mort — mais entre réincarnation de l'âme et résurrection de la chair.

Poussé à son extrême, le refus de la mort pose un délicat problème théorique : peut-on vivre indéfiniment et engendrer ? Un immortel a-t-il besoin d'une postérité ? La religion grecque et le christianisme répondent par l'affirmative. Les dieux de l'Olympe ont des myriades d'enfants, sans, pour autant, être destinés à mourir. De même, Dieu le Père demeure éternel tout en ayant un Fils : celui-ci est engendré, non pas créé. Le Dieu des chrétiens créa pourtant le monde entier, le ciel et la terre, les choses visibles et invisibles. Mais, de la chair de son être, il est le géniteur, non le créateur.

Les plus anciennes traditions indo-iraniennes voient, au contraire, l'immortalité comme une contre-indication à l'enfantement : le mortel engendre selon la chair, la divinité suscite des fils spirituels. Certes, ces traditions se perdront en Inde au cours des siècles, et les dieux ne seront plus créateurs, mais fécondants[1] : Krishna, huitième avatar de Vishnou, aura 16 000 femmes et 180 000 fils. Mais, dans les plus vieilles formes de croyance, les dieux sont d'éternels adolescents dispensées de mourir, des êtres permanents privés de parenté, de jeunes beautés épargnées par la division des sexes et les atteintes de l'âge. Les statues du Bouddha semblent perpétuer cette tradition de jeunesse androgyne et de grâce perpétuelle.

Ce débat sur les effets du temps à l'égard de l'homme se retrouve dans la religion iranienne : Zarathoustra (Zoroastre) demande l'immortalité au dieu Mazda, mais celui-ci refuse, au double motif qu'un immortel ne peut connaître ni les joies de l'engendrement ni celles de la résurrection. Et Zarathoustra reconnaît : « Être mortel me paraît meilleur que vivre éternellement sans postérité[2]. » La résurrection des corps vient de la mortalité de l'homme : tel est le premier apport majeur du zoroastrisme à l'histoire des religions. Et le judaïsme tardif comme le christianisme reprendront cette croyance, quitte à ne jamais faire référence à l'« inventeur » de la résurrection.

Consentir à la mort

Le deuxième apport du zoroastrisme est ce lien entre le consentement à la mort et le pouvoir de reproduction, dans le va-et-vient des générations montantes et descendantes. Prendre pour modèle les dieux éternels et tout-puissants reviendrait, au contraire, à arrêter la vie humaine. L'Église catholique le prouve, peut-être malgré elle, en canonisant presque toujours des célibataires, en élevant sur les autels des religieux qui n'auront pas de postérité selon la chair.

Le troisième apport, plus suggéré qu'affirmé, réside dans la bonne mesure du temps humain. Zarathoustra, assassiné dans un temple, vit un nombre d'années raisonnable et meurt à soixante-dix-sept ans. Nietzsche explique combien souhaitable est cette mort opportune : « Beaucoup meurent trop tard et quelques-uns meurent trop tôt. Elle semble encore étrange la doctrine qui dit : "Meurs à temps[3]." » La doctrine mise en pratique par le prophète iranien ressemble, sur ce point, au bouddhisme dont le fondateur est mort, dit le canon, au « moment convenable », c'est-à-dire à quatre-vingts ans.

Renaître à la vie

Dans l'Inde pré-bouddhique, la religion semble avoir évolué vers une délicate conciliation entre prolongation de la vie et renouveau intérieur : les brahmanes buvaient le soma ou « vin de l'immortalité », équivalent de l'hoama de la religion iranienne ou du nectar des dieux de l'Olympe. Cette boisson enivrante représentait l'énergie sexuelle sublimée et symbolisait le sperme en tant que source de toute vie. Le soma, sur le plan du temps, a la même fonction que le vin — et l'ambroisie la même fonction que le pain — de l'eucharistie, qui donne la vie éternelle par l'intermédiaire de l'Esprit saint, « semence divine ». L'éternité est alors promise au terme d'une renaissance spirituelle et non d'un ajournement de la mort.

Cette approche symbolique de la vie renouvelée est le fruit d'une longue et sinueuse évolution historique des religions proche et extrême-orientales, qui ont constamment oscillé entre le désir d'immortalité et la foi en une renaissance. Dans le monde biblique, les Patriarches antédiluviens vivent vieux : 905 ans pour Énoch, 962 ans pour Yèred, 969 ans pour Mathusalem (Genèse 5), etc. Mais ces vieillards sont des jouvenceaux, comparés aux rois sumériens d'avant le déluge qui, à huit, régnèrent pendant 241 000 ans, soit une moyenne de 30 000 années par monarque[4].

On peut interpréter ces longévités exceptionnelles comme le privilège de grands chefs, auxquels les faveurs divines accordent de longs jours et de multiples descendants. Il est aussi possible de voir dans cette démesure une sorte de mythe de Gulliver, puisque la Bible parle de « géants » (Genèse 6,4), un peu comme la mythologie grecque évoque les Titans avant que l'époque olympique ne vienne mettre de la retenue et de l'harmonie dans la dimension des hommes et la mesure du temps. On peut enfin imaginer la nostalgie d'un âge d'or où les hommes vivaient vieux et heureux avant que leur méchanceté ne déclenchât le courroux divin et n'abrégeât leur existence : les humains d'après le déluge auront d'ailleurs une espérance de vie plus courte. En l'absence de ferme croyance en une vie après la mort, Dieu aurait raccourci le séjour terrestre des pécheurs à défaut de pouvoir leur infliger un châtiment posthume.

Mais l'après-mort n'était pourtant pas entièrement vide. Les religions proche-orientales avaient prévu, pour les défunts, des lieux de vie qu'on nomme habituellement « enfers » : ces lieux inférieurs (Tartare des Grecs, « En-bas » des Mésopotamiens, Shéol des Hébreux) s'accordent avec la localisation des cadavres, généralement inhumés sous le sol ou dans le roc. Ils peuvent aussi évoquer l'humilité de la condition humaine, voire la bassesse des comportements. Ce monde souterrain correspond, enfin, à l'univers sous-marin de Freud, qui loge les forces pulsionnelles dans l'inconscient, partie immergée de l'iceberg. Terre et mer ont leurs couches profondes, aussi obscures qu'inquiétantes.

La version souriante de l'après-mort décrit des lieux de bonheur pour âmes vertueuses : Champs Élysées des Grecs, Champs de la paix du *Livre des morts* égyptien, jardin d'Éden de la Bible. Dans ce dernier, les justes espèrent le retour du paradis de la Genèse, du bonheur primordial et de l'innocence perdue.

Progressivement, les religions proche-orientales en viennent à envisager une seconde vie récompensant la première ou, du moins, fixant un destin perpétuel aux âmes errantes. Il y a là une manière d'encourager les vivants au bien, mais aussi d'assigner les morts à résidence : satisfaits de leurs éternelles vacances, ils ne viendront pas tourmenter les malheureux terriens, toujours prompts à transformer les défunts en fantômes. La croyance dans le paradis conforte aussi les pouvoirs en place, dans cet âge du fer qui voit naître des sociétés plus complexes et plus injustes, dominées par les possesseurs de métal et les conducteurs de char : désormais le peuple se consolera de son sort en espérant un autre monde.

Mais le paradis a suscité autant de doutes que de certitudes, et le Nouveau Testament témoigne des interrogations des contemporains de Jésus : « Les sadducéens soutiennent, en effet, qu'il n'y a ni résurrection, ni ange, ni esprit, tandis que les pharisiens en professent la réalité » (Actes 23,8). Les premiers, dont la collaboration avec l'occupant grec puis romain s'avère fructueuse, sont sensibles à la réussite humaine et n'admettent pas une vie future qui viendrait redistribuer les bénéfices et bouleverser les hiérarchies au profit d'une élite morale et non sociale.

Les seconds, patriotes scrupuleux, n'attendent la prospérité que de la libération d'Israël, probablement lointaine, ou d'un Royaume céleste, récompense posthume des citoyens honnêtes. C'est plutôt cette attente mystique que semble satisfaire Jésus avec sa promesse d'un paradis. Mais celui-ci se gagne plus par la conversion du cœur que par l'observance d'une Loi. En cela, le Christ est bien un « pharisien libéré[5] », un docteur de la Loi en rupture de ban, un scribe passé de « la lettre qui tue » à « l'Esprit qui vivifie » (2 Corinthiens 3,6).

Mourir à trente ans

« Évoquer la postérité, c'est faire un discours aux asticots », disait Céline. Les hommes de l'Antiquité ont aussi fait la sourde oreille à certaines promesses de vie future : tout en pesant l'âme de leurs défunts pour en jauger la valeur, les Égyptiens leur ouvraient la bouche afin de les rassasier de nourritures bien terrestres. Et les Mésopotamiens fournissaient aussi aux personnes décédées des « provisions de voyage[6] », comme s'ils ne comptaient pas trop sur leurs dieux pour s'occuper du bien-être des morts. Dans des pays de tradition bouddhique comme la Thaïlande ou la Birmanie, les fidèles continuent d'ailleurs à apporter des fruits sur les autels des génies, de peur que ceux-ci ne meurent de faim.

Le Nouveau Testament tient compte de ces angoisses des « cœurs lents à croire » (Luc 24,25). D'un côté, d'après saint Paul, l'Esprit nous promet une nouvelle existence à une date indéterminée : « Celui qui a ressuscité Jésus-Christ d'entre les morts donnera aussi la vie à vos corps mortels » (Romains, 8,11). De l'autre, d'après saint Luc,

Jésus promet au « bon larron » un bonheur rapide : « Aujourd'hui, tu seras avec moi dans le paradis » (Luc 23,43).

Il y a donc un paradis immédiat et provisoire, auquel doit succéder le « monde à venir » (Éphésiens 1,21), cette fin des temps dont nous ne connaissons « ni le jour ni l'heure » (Matthieu 24,36). Elle verra l'avènement des « corps de gloire », cette chair transfigurée qui ignore les différences nationales, sociales et sexuelles : « Il n'y a plus ni Juif ni Grec, ni esclave ni homme libre, ni homme ni femme » (Galates 3,28). L'humanité éternelle échappera aux pesanteurs sociologiques et sociales comme à l'impératif de procréation, des contraintes que le nirvâna bouddhique cherche aussi à dépasser, même s'il concerne plus l'homme individuel que la collectivité.

L'éternité apparaît alors comme le terme de l'histoire, une période infinie qui succède au temps mesuré. Mais les contemporains de Jésus croient en une catastrophe imminente, une apocalypse prochaine, annonçant la mort à court terme et le paradis pour demain. À la terreur de la persécution romaine répond l'angoisse de déchirements cosmiques. Tout cela « doit arriver bientôt » (Apocalypse 1,1) : que la terre tremble, que les cieux s'ouvrent, on le redoute et on l'espère. Il n'est guère possible aujourd'hui de comprendre la naissance du christianisme si on ne se représente pas cette ambiance de fin du monde.

La Bible voit donc le temps linéaire comme une ligne brisée[7] : non pas le déroulement rectiligne d'une progression morale, le parcours sans dérive d'un salut programmé, mais une suite chaotique de trahisons humaines et de colères divines. À l'image rassurante d'une Révélation continue, à la vision teilhardienne d'une évolution maîtrisée, on peut opposer la mise en scène tragique des événements bibliques : du Déluge à la Passion, tout est explicable, mais rien n'est prévisible. Les fautes engendrent les drames, le péché entraîne le châtiment, mais aucun destin n'assigne à l'homme le rôle fatal du héros grec.

L'Ancien et le Nouveau Testament s'enchaînent dans une double logique de rupture et de continuité. Les évangiles affirment ainsi que Jésus ne vient pas abolir mais accomplir les Écritures et la Loi. Or, par sa vie pauvre, il déçoit les espérances légitimes des Prophètes en un Messie royal, comme par la grâce de sa miséricorde il bouleverse la Loi mosaïque tout en disant ne pas vouloir en ôter un iota[8]. En ce sens, Jésus introduit le changement dans le droit, la rupture dans le temps et la tempête en son pays. C'est à ce titre qu'on peut parler d'ère chrétienne, car il y a eu fracture dans l'histoire d'un peuple et bientôt dans celle du monde : par le fait d'un homme mort à trente ans, le temps repart à zéro et le cours des siècles semble s'inverser.

Promettre l'apocalypse

Ce changement cosmique s'appuie sur un parallèle entre le temps qui passe et le temps qu'il fait. L'Apocalypse biblique est, littéralement, un « dévoilement », une Révélation réservée aux plus lucides : elle déchire les nuages qui s'amoncellent sur le monde et les brouillards qui entourent l'avenir. Une ère radieuse succédera aux intempéries, mais une crise météorologique doit présider aux temps nouveaux : la tempête retrouve alors son sens latin[9] d'accident qui arrive au bon moment, d'occasion inespérée où l'horizon se dégage. Shakespeare résume ainsi la nécessité sociale d'une bienfaisante perturbation : « Un ciel si sombre ne s'éclaircira pas sans une tempête. »

Ce genre apocalyptique était fort prisé en Palestine au temps de Jésus, notamment au sein de la secte des esséniens. Beaucoup d'esprits exigeants démontraient l'absence de futur par les défauts de l'époque, les malheurs du moment annonçant la fin du monde et la mort des hommes. Le seul moyen de survivre aurait été d'accepter une existence plus spirituelle, un nouveau jour plus intérieur faisant la clarté sur les manœuvres du pouvoir — la dynastie locale des Hérode, alliée des Romains — et renvoyant aux ténèbres les puissants de ce monde. La « paix romaine », faite de domination et d'humiliation, nourrissait le ressentiment des peuples soumis et la prolifération de sectes rebelles.

Cette théologie de la catastrophe correspondait à la situation politique désastreuse d'Israël colonisé par les Grecs puis par les Romains, alors que la guérilla puis la guerre des Juifs contre Rome faisaient des centaines de milliers de morts. Elle répondait aussi aux angoisses mystiques alors répandues dans le bassin méditerranéen et provoquées par le vieillissement des religions officielles, des oracles patentés, des légendes convenues : les mythes s'usent, les dieux fatiguent. Juvénal le constatait dans ses *Satires* : « Qu'il y ait des mânes, un royaume souterrain, de noires grenouilles au Styx et un pilote armé d'une gaffe qui, dans une seule barque, passe tant de milliers d'hommes, cela, les enfants eux-mêmes ne le croient plus ! »

L'interaction de la mystique et du politique demeurera toujours au cœur des mouvements apocalyptiques dans l'histoire de la chrétienté : des prophètes associeront les soubresauts des empires d'Orient ou d'Occident à une faiblesse de l'Église, liant le déclin du régime à une crise de la foi. La dimension religieuse des événements donne de l'enthousiasme aux révoltés. Tous les fondateurs de partis révolutionnaires ou de sectes apocalyptiques le savent : le militant idéal est un jeune homme ardent. En ce sens-là, avec son langage brutal et sa défiance à l'égard des aînés, Jésus était bien l'un de ces jeunes militants.

Pour l'époque contemporaine, le marxisme s'est beaucoup inspiré de l'Apocalypse biblique en se présentant comme une Révolution et une Révélation aussi immédiates pour leurs adeptes que foudroyantes pour leurs victimes : un « grand soir » pour l'avenir et une « table rase » pour le passé. *L'Internationale* insiste sur cette immédiateté : « C'est la lutte finale / Groupons-nous et demain... » La flamme du combat a des reflets métaphysiques : « Pour tirer l'esprit du cachot / Allumons notre grande forge. » L'avenir du monde passe par une métamorphose : « Qu'un genre humain transfiguré / Sous le ciel clair de la Justice / Mûrisse avec l'esprit doré. » Et l'objectif est clairement cosmique : « Le soleil brillera toujours. » Pendant soixante-dix ans, les maîtres du Kremlin ont propagé cette eschatologie depuis leur palais aux dix-huit églises et leur bureau situé entre la basilique du Sauveur et la cathédrale de l'Assomption.

Le déclin du messianisme marxiste alimente aujourd'hui le retour du millénarisme sectaire qui, derrière la peur de l'an 2000, voit le moyen de proposer une ère nouvelle, en rupture totale avec le matérialisme ambiant et le rationalisme savant. À la grande différence des sectes de l'an 1000, ces mouvements, notamment ceux inspirés par le New Age, puisent une bonne partie de leur spiritualité dans les religions extrême-orientales, même s'ils connaissent mal les conceptions du temps qui ont cours au-delà de l'Indus.

Noircir le temps

La pensée indienne divise en quatre la vie de l'homme et celle du monde. L'homme traverse quatre stades dans son existence, et le brahmane doit les parcourir intégralement puisque le dernier, orienté vers le renoncement aux biens et le détachement du monde, est le stade par excellence dont le nom (âshrama) désigne à la fois chaque étape de la vie et l'ermitage que l'on doit fonder à son terme. La vie est composée de quatre « retraites », car elle se veut orientée vers un retrait progressif du monde et du siècle, moins brutal que l'entrée dans les ordres des religieux bouddhistes ou chrétiens.

Le monde est aussi divisé en quatre époques, qui reflètent les quatre âges de la vie du corps divin. Ces époques ne sont pas des ères chronologiques, mais des « jougs » *(yuga)*, c'est-à-dire des liens solides comme le joug des attelages. On peut voir dans cette expression une allusion à la solidité et à la continuité du temps, qui relie le jour à la nuit dans l'éternelle ronde des heures comme les vivants et les morts dans la perpétuelle suite des renaissances.

Les quatre temps durent, au total, 12 000 années divines de 360 années solaires, soit 4 320 000 années. Chaque temps dure moins que le précédent, comme si le monde s'accélérait et si le mal progressait : les chiffres 4, 3, 2, 1 désignent l'importance relative de leur durée comme de leurs mérites. L'humanité est bien malchanceuse, car le nom de ces quatre temps décroissants (« l'âge accompli », la « triade », « l'âge du deux » et « l'âge mauvais ») est celui des coups au jeu de dés. Et, pour couronner le tout, le nom donné au temps *(kala)* est aussi le surnom du dieu de la Mort, Yama, et désigne la couleur noire. Il n'est pas excessif de dire que la pensée indienne noircit le temps, qui, avec son implacable patience, vient à bout de toute vie.

Les quatre âges du monde reçoivent les noms de métaux de moins en moins nobles : or, argent, cuivre, fer. La religion iranienne[10], qui divise le monde en sept âges, recourt au même procédé et parle des âges d'or, d'argent, de cuivre, de bronze, d'étain, d'acier et de fer mêlé, ce dernier correspondant au règne des démons, alors que le premier évoque fortement le mythe de l'âge d'or. Ces énumérations reprennent, à peu près dans l'ordre, la découverte des métaux et peuvent exprimer une certaine déception des humains, notamment des plus faibles, devant des technologies nouvelles qui ont accru les écarts sociaux et donné des armes puissantes aux hiérarchies en place : les religieux auraient choisi de tels noms pour illustrer la dureté des oppressions civiles et militaires, des poignes de fer et des orages d'acier. La caste des prêtres (brahmanes) ne fait que décrire le bilan du pouvoir de la caste des chefs (kshatriya), mais, loin de prêcher la révolte, elle prône la soumission.

Les temps sont donc durs en notre âge de fer, qui aurait débuté à la fin de la grande guerre décrite dans le *Mahâbhârata,* c'est-à-dire probablement entre le XIIe et le IXe siècle av. J.-C.[11] Si notre Occident contemporain a cédé au mythe du progrès, l'Inde antique a forgé la légende du déclin.

Mais on peut aussi trouver quelques équivalents modernes à cette vision pessimiste du monde. Freud a montré combien la technologie pouvait décevoir et engendrer un « malaise dans la civilisation », qu'aucune découverte scientifique ne viendrait dissiper : « Il est si difficile aux hommes de devenir heureux » que « notre chance de découvrir du nouveau ne semble pas beaucoup plus grande[12] ». La conception indienne du temps, avec son compte à rebours, ne semble pas plus optimiste quant à la progression du bonheur par l'irruption du neuf : voici trois mille ans, les technologies nouvelles, amenées par les chefs aryens, n'ont guère assuré le bonheur du peuple qui se console dans la mystique. De même, beaucoup de nos contemporains, déçus par la modernité, ont cherché dans les philosophies indiennes un écho à leur malaise.

Auschwitz et Hiroshima ont d'ailleurs apporté des arguments très forts aux philosophies du déclin de l'homme : pour la religion indienne, l'homme perd à chaque âge du monde un quart de ses vertus (Dharma). Il y en a donc aujourd'hui quatre fois moins qu'à l'époque de l'âge d'or : les vices prospèrent, les maux s'aggravent, les fléaux menacent. L'homme souffre moins d'un péché originel que d'une faute à venir, et seules l'observation de rites et l'organisation de sacrifices peuvent le protéger des catastrophes futures.

S'élever dans les vies

Dans l'Inde du Bouddha comme dans celle d'aujourd'hui, la religion enseigne aux hommes la délivrance par la mort. La crémation va libérer leur âme du corps, du moins s'il se trouve un fils ou un parent pour allumer le bûcher. Sinon, le trépassé devient une âme en peine, rôdant près des maisons, crrant tel un fantôme qui trouble le sommeil des vivants et s'empare de leur esprit.

Le greffier du dieu de la Mort évalue alors les mérites sur sa balance, dans une opération qui évoque la pesée de l'âme dans la religion égyptienne. Le sort de chacun est suspendu à ce verdict ultime, et cette estimation de la valeur de l'homme apparaît comme une activité intellectuelle profondément juste et pondérée, qui unit les actions de penser et de peser dans un souci permanent d'équilibre. Le défunt aspire à une dispense de peine, voire à une compensation de ses malheurs. Mais il redoute le mouvement pendulaire de la balance et de son rigide fléau qui le renverrait à une nouvelle existence de déboires.

Du moins, dans l'hindouisme, l'enfer — comme le paradis — est-il provisoire, et l'âme reviendra habiter un nouveau corps plus ou moins agréable, selon le solde positif ou négatif de ses actions (karma). De ce comptage des mérites découle sa migration (samsâra) dans une nouvelle vie plus ou moins heureuse. Seul celui qui a semé de bons actes récoltera de beaux fruits, et cette image arboricole, fréquente dans la philosophie indienne, fait penser à la parole de Jésus selon laquelle « c'est au fruit qu'on reconnaît l'arbre » (Matthieu 12,33).

Les fautes et les mérites s'accumulent sur plusieurs vies puisque la même âme a habité plusieurs corps. Nos principes d'individualisation des peines et des récompenses s'accordent mal avec une telle sanction pluri-existentielle commune, d'ailleurs, à l'hindouisme et ou bouddhisme. Mais, dans la Loi mosaïque, on trouvait aussi normal de punir le pécheur dans sa descendance « sur trois ou quatre générations[13] », du moins jusqu'à ce que des textes prophétiques ne viennent limiter le cours de la justice divine à une seule vie humaine pour démentir le vieil adage : « Les pères ont mangé du raisin vert et les enfants ont eu les dents agacées. »

En somme, la tradition juive primitive poursuit la faute dans la descendance selon la chair, alors que la tradition indienne la traque dans la migration des âmes, mais, dans les deux cas, une seule vie ne suffit pas pour être quitte. Il y a là un sévère avertissement à l'égard de ceux qui négligent l'avenir éloigné et les conséquences de leurs actes à très long terme. La psychanalyse a retrouvé l'importance, au sein de la famille, de ces horizons lointains lorsqu'elle parle de la « névrose maternelle » ou de la « psychose en héritage ». Mais, dans la tradition indienne, la transmission des mérites se fait par la spirale des existences et non par la lignée familiale.

Cette croyance en la transmigration des âmes, ignorée des vieux textes védiques, est apparue en Inde peu avant la vie du Bouddha historique et se trouve expliquée dans les commentaires doctrinaux que sont les Upanishad. Une telle conception se rencontre, à la même époque, en Grèce, chez des philosophes comme Pythagore ou Platon, qui ont été marqués par l'orphisme. Cette dernière mystique, comme le bouddhisme, loin de se complaire dans les réincarnations, vise d'ailleurs à une délivrance définitive de cette fatalité des renaissances.

Si on ne peut prouver une influence réciproque de la religion indienne et de la pensée grecque, il est certain que la transmigration n'est pas propre à l'Inde et qu'elle s'inscrit dans une vaste mutation de la foi populaire qui s'est produite au Ier millénaire av. J.-C. pour des raisons mal élucidées. Le bouddhisme — comme le jaïnisme — s'inscrit dans le contexte de cette nouvelle métaphysique.

Il reprendra aussi à son compte la notion de temps « cyclique » que la pensée indienne compare à la roue du potier ou de la noria (moulin à eau). Il serait plus exact de parler de spirale et non de cercle : chacun renaît plus haut ou plus bas dans l'échelle des espèces, très rarement au même niveau. Ce déroulement de la vie est, au sens premier, une évolution, un parcours dynamique qui, pour le meilleur ou le pire, évite l'immobilisme. Le paradoxe est ici que le temps « cyclique » évite de tourner en rond : un cycle de vies, comme un cycle d'études, permet de progresser.

Le bouddhisme rétrécit l'échelle des valeurs en réduisant de neuf à six les types de renaissances. Pour les brahmanes, les options étaient largement ouvertes puisqu'on pouvait, au mieux, accéder au rang de dieu suprême et, au pire, régresser en tant qu'être inanimé, rocher ou plante. Le bouddhisme supprime les deux extrêmes : on ne peut tomber plus bas que les bêtes ni grimper plus haut que les nombreuses divinités. Mais la vie future dépend toujours des actes présents : chacun est personnellement responsable de son devenir, même si, pour le Grand Véhicule (Mahâyâna), on dispose de l'aide précieuse des bodhisattva.

Il y a là une différence importante par rapport au judaïsme, car la Bible, tout en faisant référence à la responsabilité personnelle, évoque souvent le châtiment ou le salut collectif d'Israël. Mais la rétribution individuelle dans l'au-delà de la mort rapproche le bouddhisme et l'hindouisme du christianisme. La punition ou la récompense collective est à relier au caractère national de la religion juive antique, où Dieu sanctionne son peuple infidèle et « avachi » (voir l'épisode du Veau d'or dans le désert) pour permettre la survie de la nation. Le fond beaucoup plus civil des religions indiennes comme du christianisme — la sauvegarde d'un État n'a jamais été au centre de leur prédication — va plutôt dans le sens du salut personnel.

Mais ne devoir son avenir qu'à soi-même, à ses actions et à ses intentions ne signifie pas se désintéresser d'autrui. Selon qu'il est hindouiste ou bouddhiste, un homme est redevable à sa caste ou à son monastère. Un brahmane qui a accepté le don d'un hors-caste renaît dans une ânesse pour quinze ans, puis dans un taureau, enfin dans un démon pour trois mois, avant de redevenir brahmane.

Un moine bouddhiste transgressant gravement les règles de la vie communautaire ou un laïc refusant toute aide — notamment matérielle — au Sangha peut, surtout dans le Petit Véhicule, voir ses mérites gravement diminués et sa vie future s'en ressentir. Et, comme le règlement monastique fait partie des textes canoniques — donc de la Révélation intérieure du Bouddha illuminé —, l'infraction est spirituellement plus grave que dans un monastère chrétien dont les constitutions ont valeur de lois disciplinaires et non de vérité révélée. En clair, dans l'hindouisme, la faute suprême est de trahir sa caste, et dans le bouddhisme de négliger la vie religieuse.

Enfin, dans le bouddhisme, l'inaction ou l'abstention n'est pas une garantie de bon avenir : l'acte non consommé produit des effets lorsqu'on a eu l'intention de le commettre. On retrouve là l'enseignement de Jésus sur l'adultère, aussi répréhensible en pensée qu'en action (Matthieu 5,27).

S'entraîner à la mort

Même après une promotion enviable, la réincarnation laisse insatisfait. Elle n'est pas, en effet, la renaissance spirituelle du baptême que les baptistes américains considèrent comme une deuxième naissance *(born again)*. La nouvelle vie d'un hindouiste ou d'un bouddhiste ne délivre pas des aléas du temps, ces intempéries de l'existence.

Pour y échapper, il faut arrêter l'aiguille sur le cadran et la course sur le circuit, sortir de cette ronde du temps que le grec appelle « période » (« la voie autour ») et le latin « révolution ». Le voyageur du monde doit éviter le sort de ces égarés qui tournent en rond dans le désert et retrouvent indéfiniment leurs propres traces à moitiés effacées. À la suite du Bouddha historique, il doit donc chercher un refuge.

Il peut le trouver dans une spirale de l'effort, une sortie vers le haut qui se veut tout intérieure. Dans le bouddhisme, plus tourné vers l'immanence que vers la transcendance, chacun porte son Ciel en soi. Il faut se hisser spirituellement vers une sérénité définitive, prendre un escalier en colimaçon qui débouche sur le vide intérieur.

Cette voie de l'extinction (nirvâna) passe par une réconciliation de l'un avec le tout. Pour les brahmanes, il s'agissait d'intégrer l'âme individuelle (âtman) dans l'univers (brahman) pour retrouver l'unité primordiale. Cet univers est le principe suprême, dieu impersonnel, être par excellence et valeur la plus sacrée dont le brahmane est le prêtre et le serviteur. Quant à l'âme, elle est le moi et le Soi, l'essence de l'individu et l'intelligence de lui-même englobant le corps et la pensée. Qu'elle doive se fondre dans plus grand qu'elle semble difficilement compréhensible à l'individualisme occidental. Ce que la psychanalyse appelle le moi ou le je, l'ego ou le self, tout cela doit disparaître au profit d'une fusion entre l'individu et l'univers.

Le bouddhisme procède différemment puisqu'il ne connaît ni l'âme ni l'être. Il professe l'impersonnalité ou Non-Soi *(anâtman)* et remplace l'Absolu (brahman) par la vacuité (sûnyatâ). Mais le vide est désirable, le creux est protecteur comme la grotte, cette cavité omniprésente dans le monde bouddhique où l'on contemple par milliers les statues du Bouddha comme surgies du ventre de la terre. Et c'est aussi dans le vide d'une grotte artificiellement creusée que s'est tenu, à Rangoon, le dernier concile bouddhique. Pour l'homme fatigué de renaître, épuisé d'agir et de subir, la vacuité est reposante comme un coussin d'air.

C'est une nullité aussi enrichissante pour l'éternité que le chiffre zéro pour le commerce : les mots « zéro » et « chiffre » dérivent d'ailleurs tous deux de l'arabe *shifr*, qui désigne le vide.

La vacuité bouddhique ressemble à la vanité *(hebel)* biblique telle qu'elle est décrite par l'Ecclésiaste : la vie est une « vanité des vanités », un reflet du vide de l'existence et des limites de l'éphémère. La vacuité suppose un monde artificiellement gonflé (*sunya* veut dire « relatif à ce qui est gonflé »), comme la vanité symbolise un univers inconsistant : *hebel* signifie « ce qui est sans substance » comme une bulle de savon ou un souffle d'air, et Abel (dont le nom vient de *hebel)*, mort jeune, montre bien que la vie ne tient qu'à un souffle.

Vacuité et vanité soulignent aussi combien la vie est insaisissable et le temps capricieux. « Il y a un temps pour tout », disait l'Ecclésiaste (3,1). « Il faut donner du temps au temps », répondait François Mitterrand, un grand admirateur de l'Ecclésiaste dont le visage impassible savait ressembler au masque du Bouddha, indifférent aux agitations et serein devant la mort.

Une conception aussi désabusée de la vie aurait pu être refusée par certains peuples. On se demande notamment comment les Chinois, épris d'immortalité et férus de médecine, ont pu accepter une telle vision du temps et de la mort. Le bouddhisme voit dans la fin de toute vie une délivrance, alors que celle-ci correspond, pour le médecin, à l'accouchement, c'est-à-dire au début d'une existence vouée à ce que les taoïstes appellent la Longue Vie.

Les Chinois — et les Tibétains — ont donc interprété le nirvâna dans un sens favorable à leurs propres convictions. Une étymologie populaire y a vu un « au-delà de la souffrance », sorte d'antalgique propre à rendre la sérénité aux malades et aux agonisants. Une étude des textes sanskrits y a décelé une « non-mort » *(amarta)*[14] tout à fait conciliable avec les principes du taoïsme et de son culte des Huit Immortels, ces vieillards éternellement jeunes. De plus, le Grand Véhicule — la voie du bouddhisme chinois — a donné une interprétation plutôt joyeuse du nirvâna : celui-ci serait moins la réalisation de la vacuité que l'expérience de la félicité, d'un bonheur éternel acquis avec l'aide des bodhisattva.

Pour l'ensemble des écoles, le nirvâna exprime dans la mort de l'homme le mariage des contraires : la plénitude d'un vide qui n'est pas néant, la joie d'une absence de désir — une étymologie populaire fait aussi de *nir-vana* un non-désir — qui n'est pas souveraine indifférence. Le nirvâna ressemble alors beaucoup à l'apathie, une notion inconnue du Nouveau Testament, mais fortement développée par la patristique grecque en référence aux stoïciens. Apathie et nirvâna cultivent l'insensibilité à la douleur et le détachement des passions, l'égalité de l'humeur et la maîtrise des émotions.

Passer sur l'autre rive

Mais il sera fait un usage opposé de deux notions aussi proches : l'apathie conduira au martyre chrétien, et le nirvâna à la sérénité bouddhique. Le martyrologe chrétien est rempli de baptisés qui chantent dans les flammes, rient sous la torture, embrassent leurs bourreaux dans la plus parfaite indifférence à leur propre chair. La statuaire bouddhique reproduit, au contraire, un idéal de paupières mi-closes, d'avant-sommeil serein : une image éloignée de toute mort violente et qui s'appuie sur le mythe horizontal et paradoxal de l'Éveillé couché.

Ce paradoxe renvoie à la personne du Bouddha historique, qui connut deux nirvâna séparés par cinquante ans, le premier correspondant à son Illumination et le second à son Extinction définitive (parinirvâna). L'hésitation entre nirvâna et parinirvâna est d'ailleurs fréquente dans le vocabulaire courant, où ce second terme peut désigner la mort d'un simple moine comme si celui-ci, identifié au Bouddha historique, avait connu deux nirvâna. De plus, on peut accéder à un nirvâna incomplet (*sopadhishesha-nirvâna* dans le Hînayâna, *apratishthita-nirvâna* dans le Mahâyâna) de son vivant : c'est une libération des passions, une extinction « active », qui ne délivre pas encore totalement des souffrances.

Par rapport au Christ, le Bouddha a suivi un cheminement très différent : il a d'abord été illuminé puis s'est éteint, alors que Jésus est mort puis a connu la lumière de la Résurrection. Par rapport au bouddhisme, doctrine du respect de toute vie, le nirvâna semble lui-même paradoxal puisqu'il est, au moins dans le Petit Véhicule, centré sur l'extinction de la vie. Sans doute le nirvâna a-t-il toujours été objet de débat, et il est frappant de constater que les stèles de l'empereur Ashoka, qui recommandent d'observer les lois du Dharma, ne disent pas un mot du nirvâna, comme s'il s'agissait d'un sujet litigieux à éviter.

Le nirvâna ne se définit certes pas aisément : il est le vent qui éteint la bougie et celui qui ranime les braises, le dernier soupir sur les lèvres du mourant et le premier souffle d'une inspiration surnaturelle. On ne peut pas expliquer facilement cet état indicible de l'homme parfait auquel s'applique la formule de Grégoire de Nazianze : « O toi, l'au-delà de Tout, n'est-ce pas tout ce que l'on peut dire de Toi[15] ? »

Toute mutation du temps de vivre hésite entre période euphorique et cycle infernal, réincarnations bonnes ou mauvaises, reconversions réussies et ratées. On peut aussi, dans notre mythologie contemporaine, vouloir prolonger le jeu, tenter sa dernière chance et imiter Jeanne Calment, cent vingt et un ans, promue « maîtresse du temps ». Mais le bouddhisme verrait là une détresse du temps, une impuissance de la longévité devant la souffrance chronique et les douleurs de l'âge.

Dans la sagesse bouddhiste, mieux vaut rester dans les limites du raisonnable et creuser son microsillon au niveau de l'humain et à l'échelle d'un temps modeste. Les spéculations sur le caractère cyclique ou non cyclique de la destinée des êtres sont alors secondaires, d'autant qu'elles s'appuyaient, à l'origine, sur des connaissances cosmiques très subjectives : la Terre plate suggérait un temps linéaire et le ciel courbe un temps cyclique. Et, si l'on croit à un temps linéaire parce qu'on descend « en droite ligne » d'un ancêtre, ou à un temps cyclique parce qu'on observe la ronde du soleil, ces explications trouvent vite leurs limites devant la science moderne.

Le nirvâna se situe sur un autre plan : il remet de l'humain dans l'éternité en ce que cet état suprême est réservé à l'homme. On peut renaître oiseau de paradis ou cornac du diable sans connaître cette délivrance que même les divinités ignorent. Espérance éternellement différée, et donc jamais confisquée, le nirvâna représente une forme d'achèvement de la condition humaine, puisqu'on ne peut l'obtenir qu'après une vie d'homme, jamais après une vie d'animal ou de divinité. Il est donc susceptible d'être vécu comme une voie moyenne des honnêtes gens, cimetière des illusions, sépulcre du désir, tombeau de l'amour dont le plaisir est si bref et le regret éternel.

Ultime pied-de-nez aux dieux lancé par un Bouddha agnostique, le nirvâna n'en reste pas moins chargé de mystère aux yeux de l'homme occidental comme, d'ailleurs, de son semblable d'Extrême-Orient. Les textes bouddhiques le décrivent comme l'« autre rivage » de l'existence où viennent s'échouer les malheurs de la vie. Cette image fait songer à la parole de Jésus entamant une nouvelle étape de sa vie au bord du Jourdain : « Passons sur l'autre rive » (Marc 4,35).

Cette notion de la mort comme passage est fondamentale dans le bouddhisme tibétain dont le *Livre des morts (Bardo Thödol)* énonce les états intermédiaires *(bardo)* du défunt. Entre mort et renaissance, celui-ci passe par plusieurs phases transitoires, qui durent quarante-neuf jours pendant lesquels il peut hésiter sur sa voie. Au cours de cette période, les fidèles peuvent l'aider à trouver la lumière étincelante de l'Esprit et à fuir les apparences trompeuses. Une telle intercession des vivants n'est pas sans rappeler la prière pour les défunts des chrétiens.

Mais la convergence la plus remarquable entre christianisme et bouddhisme à propos de la mort est sans doute le culte des reliques. Celui-ci joua un rôle essentiel dans l'Église primitive[16], où les tombes des saints et des martyrs faisaient l'objet de pèlerinages. Il est toujours très présent dans la liturgie, notamment par les fragments d'ossements de saints qui sont enchâssés dans les autels des églises catholiques et par les embaumements des corps de vénérables dans l'Église orthodoxe russe, technique dont se sont inspirés les régimes communistes pour leurs hauts dignitaires.

Dans le bouddhisme, les reliquaires sont omniprésents.

Appelés *stûpa* en Inde (littéralement, « chignons », ce qui correspond aussi à la protubérance sacrée du crâne du Bouddha), ces dômes se nomment *dagoba* à Ceylan, *chorten* au Tibet, *dagon* en Birmanie, *chedi* en Thaïlande, etc. Ils dominent le paysage, et leur architecture correspond à toute une symbolique de l'élévation vers le nirvâna. Parfois, ils contiennent un cheveu attribué au Bouddha, parfois un manuscrit ancien, mais ils constituent presque toujours le centre de la vie religieuse d'une ville ou d'un village.

9.

L'amour

Pour bien comprendre la prédication de Jésus sur l'amour, il faut la replacer dans son contexte biblique. Faire l'amour et la guerre, tels semblent les deux passe-temps favoris des héros de la Bible. La lutte armée est quasi permanente dans une région aux limites incertaines et aux frontières démesurées, aux religions antagonistes et aux territoires disputés : la Palestine d'aujourd'hui est ce « pays des Philistins » où se battaient David et Goliath, trois mille ans avant l'Intifada. Depuis 1948, cette terre a vu cinq guerres en cinquante ans. Dans l'Antiquité, sauf durant le règne quasi mythique de Salomon, aucune paix n'a duré un demi-siècle. Et, paradoxe suprême, l'Israël des temps modernes s'est installé sur la côte, autrefois occupée par son ennemi philistin, alors que son territoire antique de Judée et de Samarie appartient désormais à ses adversaires arabes[1].

Quant à l'amour biblique, il peut revêtir des dimensions très différentes, tantôt civiles, tantôt militaires. D'un côté, il est présenté comme le moyen privilégié de la connaissance, l'expérience intime de l'autre, qui se dévoile dans sa nudité, se révèle dans sa vérité : « connaître » et « pénétrer » sont rendus par un même verbe hébreu *(yâda)*, utilisé plus de neuf cents fois par la Bible, et dont il est parfois bien difficile de savoir s'il a ou non un sens sexuel. Cette idée de connaître autrui par des relations physiques se retrouve aussi en arabe, en grec *(gignôskein)* et en latin *(cognoscere)* chez des auteurs chrétiens ou profanes. Mais seule la bible hébraïque en fait un usage systématique.

Le viol et la vertu

D'un autre côté, faire l'amour peut répondre au besoin de soldats pour la guerre. Et les préoccupations natalistes sont fortes dans un Israël environné d'ennemis. L'État n'y recense d'ailleurs que les hommes de plus de vingt ans, tous réservistes, et qui forment une armée de 603 050 combattants[2] pour un pays de 2 à 3 millions d'âmes. On n'est d'ailleurs pas très loin des chiffres de l'Israël moderne, où Tashal compte 600 000 soldats sur un peu plus de 4 millions d'habitants.

L'« armée des cieux » et le « Seigneur puissant », ce Dieu Sabaoth qui deviendra le Tout-Puissant des chrétiens, bénissent l'armée de terre qu'accompagne l'Arche d'alliance sur les champs de bataille. Ce sanctuaire portatif, contenant les tables de la Loi, est le signe de l'Alliance avec Dieu et la promesse de victoire. Quand il est dérobé par les Philistins, la femme d'un fantassin mort au combat accouche prématurément d'un fils nommé « il n'y a plus de gloire, Ikavod (1 Samuel 4,21). Ainsi vient au monde un futur soldat prêt à reconquérir le sol de la patrie.

Ce soldat vivra parmi des hommes qui sont des compagnons d'armes et non des partenaires d'amour. Il n'y a pas, en cette Terre sainte, les binômes d'amants du bataillon de Thèbes. Contrairement aux Grecs, Israël ne teinte pas d'érotisme l'amitié virile et condamne sans ambiguïté le péché de Sodome, cette ville mythique, lieu de toutes les basses morales et point le plus bas de la planète, dans la dépression de la mer Morte.

Cette condamnation de la sodomie, pratiquée avec des hommes ou des femmes, est aussi reliée à des préoccupations démographiques. Évoquant les batailles passées, Isaïe (1,9) s'écrie : « Si le Seigneur tout-puissant ne nous avait pas laissé quelques rescapés, nous serions comme Sodome, semblables à Gomorrhe », c'est-à-dire des cités en ruine, sans habitants. Quelques siècles plus tard, saint Paul sera encore plus net : « Si le Seigneur des armées ne nous avait pas laissé une descendance, nous serions devenus comme Sodome, semblables à Gomorrhe » (Romains 9,29).

Les relations entre hommes peuvent toutefois engendrer un sentiment amoureux, dont l'interprétation n'est pas simple, comme le montre l'épisode de David apprenant la mort de son compagnon d'armes, Jonathan, le fils du roi Saül (2 Samuel 1,26). Certaines traductions, par exemple celle de la Bible œcuménique, donnent une version chaste de la tristesse de David : « Jonathan, mon frère, je t'aime tant ! Ton *amitié* m'était plus merveilleuse que *l'amour* des femmes. » D'autres traductions, plus proches du texte hébreu, notamment celle d'André Chouraqui, sont moins édulcorées : « Jonathan, mon frère, tu étais pour moi plein de charmes ! Ton *amour* m'était plus merveilleux que *l'amour* des femmes. » Enfin, une ambiguïté du vocabulaire hébraïque permet aussi de traduire : « Jonathan, mon frère, tu étais pour moi plein de charmes ! Ton amour m'était *tout différent* de l'amour des femmes[3]. »

Il est difficile de trancher entre ces trois versions. La plus saisissante figuration de ce texte a été donnée par Rembrandt dans son tableau *David et Jonathan*, acheté par le roi Pierre le Grand et conservé à Saint-Pétersbourg, au musée de l'Ermitage : des deux soldats, on ne voit plus qu'un visage, celui de Jonathan, qui a les traits du peintre et console David, condamné à l'exil. Justement, alors qu'il peignait cette toile, Rembrandt portait le deuil de sa femme, et son pinceau traduit sa propre peine d'époux, comme s'il voulait nous dire qu'au-delà du sexe de la personne chérie, il y a la sincérité de la douleur.

Dans la palette des sentiments et la gamme des émotions, Israël tolère une certaine liberté, pourvu que les élans du cœur soient mis au service du pays. Le peuple de la Bible associe l'amour humain à la guerre sainte. Il lui donne un usage patriotique, une fécondité nationale : les ventres des femmes ont un devoir, les sexes des hommes un emploi, conformément à leur nature. Celle des mâles est, dans toutes les civilisations, d'être viril, violent et vertueux, trois adjectifs issus de la même racine latine et dérivés de la notion de force[4] : les Romains privilégiaient dans l'homme le courage au combat, nommé « vertu », qui était la violence légitimée ; quant au viol, il était considéré comme le « repos du guerrier ». Autant que le légionnaire romain, son futur adversaire, le guerrier d'Israël vivait pleinement toutes les contradictions du soldat et toutes les exigences du patriote, l'une de celles-ci étant de s'unir à une femme du pays pour perpétuer l'identité nationale.

Une Alliance virile

Le soldat d'Israël est un époux et un père de famille dont la vie se déroule sous le signe d'une double union : l'alliance de Dieu avec son peuple et le mariage de l'homme avec la femme. Ces deux pactes sont indissociables, et la Bible recourt largement à ce symbolisme conjugal et familial : Dieu est à la fois époux, père et mère de la communauté qu'il s'est choisie, du peuple élu de son cœur qu'il a « pris par la main pour le faire sortir du pays d'Égypte » (Jérémie 31,32).

Autrefois vénéré comme un *baal*[5], un maître absolu des hommes, des femmes et des terres, Dieu est devenu un époux plus humain, qui assure une descendance à Jérusalem son épouse, « la stérile qui n'enfantait plus » (Isaïe 54, 1), et chaque enfant du pays reconnaît sa paternité : « C'est toi, Seigneur, qui es notre Père » (Isaïe 63,13). Cet engendrement spirituel est donc collectif et se comprend mieux à partir de l'un des noms hébreux de Dieu, Élohim, qui est un pluriel[6] grammatical exprimant bien la fonction à la fois multiforme et unifiante de ce Dieu communautaire : la notion de monothéisme ne rend pas suffisamment compte de ce paradoxe du Dieu un et multiple.

Enfin, Dieu est maternel : « La femme oublie-t-elle son nourrisson, cesse-t-elle de chérir l'enfant de sa chair ? Même si elle l'oubliait, Moi, je ne t'oublierais pas » (Isaïe 49,50). Cet aspect spécifiquement féminin du dieu d'Israël, peu souvent évoqué par la Bible, incarne un amour de compassion autrefois dévolu à des divinités locales : la suppression des déesses par la religion juive suppose que le Dieu unique récupère leurs qualités les plus populaires et, notamment, la miséricorde. Le déclin des divinités féminines locales aura, d'ailleurs, les mêmes conséquences sur le bouddhisme chinois, qui donnera des traits féminins au Bouddha de la compassion.

Élohim est aussi une réponse spirituelle à son prototype, le dieu El des Cananéens, ce Taureau aux saillies miraculeuses dont les attributs virils font rêver les femmes : « Le membre d'El s'allongera comme la mer, le membre d'El sera long comme le flot. » L'impuissance du dieu est alors l'angoisse suprême : « O époux, ta verge est basse, la tension de ton membre languit. Alors, que l'oiseau rôtisse au feu[7]. » Il faudra que la divinité mâle retrouve sa vigueur pour que soit célébré le mariage sacré et que naissent « les dieux gracieux et les beaux enfants princiers ».

La virilité du Dieu d'Israël est moins réaliste et plus symbolique. Faite de force protectrice et de puissance fécondante, elle s'exprime par le geste de l'Alliance *(Berît)* qui évoque le couteau du sacrifice autant que l'anneau du mariage : cette alliance était, dans ses origines humaines, scellée par un vêtement ou un repas partagé ou encore par un animal découpé en deux moitiés. Dans tous les cas, il fallait un objet tranchant. L'alliance représentait, pour les Hébreux, l'union de deux parties séparées, comme le « symbole[8] » était, pour les Grecs, la réunion de deux morceaux de poterie brisée dont l'exact ajustement prouvait l'origine commune.

Le signe de l'Alliance est donc une coupure, la circoncision : « Vous aurez la chair de votre prépuce circoncise, ce qui deviendra le signe de l'alliance entre moi et vous » (Genèse 17,11). Les Hébreux reprennent ici une vieille coutume proche-orientale, pratiquée par les Égyptiens — mais pas par les Assyriens ni par les Philistins — et liée à des motifs d'hygiène[9] à laquelle ils donnent une signification religieuse. Avoir le prépuce tranché, c'est aussi se retrancher des peuples mécréants, ces « incirconcis ».

Cette coupure est aussi ouverture en ce que le gland découvert est apte à la relation sexuelle. De même, le « cœur circoncis » (Deutéronome 10,16) devient capable d'aimer, alors qu'une « oreille incirconcise » (Jérémie 6,10) ne permet pas d'entendre et que des « lèvres incirconcises »

(Exode 6,12) empêchent de parler. La circoncision est ici la métaphore chirurgicale de la communication.

Mais les incirconcis prennent le pouvoir en Israël quand les généraux d'Alexandre occupent tout le Proche-Orient. Certains Juifs veulent donc « faire alliance » avec ces païens, bâtissent un gymnase à Jérusalem (littéralement, un « lieu du nu »), se « refont un prépuce » et rompent l'Alliance avec Dieu (1 Maccabées 1,11). Alors, les Juifs fidèles à leurs coutumes se révoltent ; une guerre sanglante éclate, qui se terminera par la mort de sept héros de la résistance, devenus, dans l'argot des étudiants en médecine, des symboles macabres : les frères Maccabées.

Cette Alliance entre le Dieu d'Israël et son peuple, les traductions latines l'appelleront « Testament » *(Testamentum)*, une appellation discutable, qui peut faire penser à des biens légués plus qu'à une religion vivante. Mais, en son sens premier, ce Testament était une « prise à témoin » *(testis)* de l'avenir car, dans l'Italie antique, l'on jurait en mettant la main sur les parties génitales du cocontractant — les testicules —, là où se trouve le patrimoine génétique, cette richesse — les « bourses » — future. En ce sens, on reste proche de l'univers symbolique des Hébreux, qui prêtaient aussi serment en posant la main sur l'intimité d'un homme pour s'approprier sa puissance de vie et sa promesse d'avenir. Abraham dit à son serviteur : « Mets ta main sous ma cuisse et jure-moi, par le Seigneur, Dieu du ciel et Dieu de la terre, que tu ne feras pas épouser à mon fils une fille des Cananéens parmi lesquels j'habite » (Genèse 24,3). Car, si la sauvegarde de l'Alliance, c'est-à-dire de l'identité d'Israël, passe par une nombreuse progéniture, sa désintégration résulte du mariage avec une étrangère. Quelques milliers d'années plus tard, dans l'Israël moderne, ce problème des mariages interreligieux est plus crucial que jamais.

La mort de l'érotisme

On ne fait plus ni l'amour ni la guerre dans le Nouveau Testament. Pas un rapport charnel n'y est mentionné, car l'homme est remplacé par l'Esprit saint, qui féconde une jeune fille, Marie, tandis que sa cousine ménopausée, Élisabeth[10], retrouve miraculeusement une seconde jeunesse. De même, pas un conflit armé n'y est décrit, alors que les accrochages avec les Romains sont fréquents en attendant qu'éclate la guerre des Juifs.

Un voile de pudeur semble recouvrir tout ce qu'il y a de cru et de cruel dans le sexe et la guerre. On est loin de Salomon, de ses sept cents femmes et de ses trois cents concubines, loin aussi de l'ivresse meurtrière de certains Psaumes : « Heureux qui saisira tes nourrissons pour les broyer sur le roc » (Psaume 137) [11]. Toutes les puissances de vie et de mort se concentrent en la personne de Dieu : la force de l'Esprit ensemence le monde, le sang de la Croix rachète les péchés. Il n'y a plus lieu de s'accoupler ni de s'entre-tuer quand l'amour et la haine sont transfigurés.

La violence s'en va, l'appétit revient : l'Ancien Testament privilégiait les joies de la couche, le Nouveau préfère celles de la table. « L'Évangile, ce livre où l'on mange tout le temps », disait la mystique Madeleine Delbrêl, faisant allusion à la soixantaine de repas qui rythment la Bonne Nouvelle, des noces de Cana au dîner de la Passion. Il s'agit d'ailleurs toujours un peu de « plaisirs du lit », car l'on mange allongé sur des banquettes ou des peaux de bêtes, dans une position détendue, qui favorise les échanges verbaux.

Les grands discours de Jésus — comme ceux de Luther — sont souvent des propos de table, et le cœur de son message est rassemblé dans la Cène, repas d'adieu qui évoque fortement le *Banquet* de Platon, le premier précédant la Croix du Christ et le second la ciguë de Socrate. Dans ces assemblées de convives, il est beaucoup question de l'art d'aimer, même s'il ne s'agit pas du même amour.

L'amour grec, de Platon et de Socrate, est l'*érôs*, ce désir sensuel, symbole de jouvence et de beauté, qui est un sentiment divin, mais que Socrate décrit comme un « démon » et qui vient apporter quelques dérivatifs au mariage grec monogame, une institution adoptée ultérieurement par le christianisme, alors que la polygamie était pratiquée dans les milieux juifs aisés et, notamment, dans les familles des grands prêtres. Éros s'éprend indifféremment des femmes et des jeunes hommes, car c'est dans des « pays où dominent les barbares » que « l'amour des garçons passe pour honteux[12]. » Dans le pays de Jésus, au contraire, les amours masculines passent pour des abominations, souvenirs de cultes idolâtres avec des prostitués sacrés et relents de pratiques vénales, où l'on « s'accouple avec les païens et l'on se vend pour faire le mal » (1 Maccabées 1,15). Sur ce point, le Nouveau Testament reprend l'enseignement de l'Ancien.

La joie des agapes

Le christianisme a-t-il tué le désir[13] ? À voir Jésus et ses disciples partager de joyeux repas on se rend compte qu'ils ont le goût de vivre et ne souffrent pas de ce « manque de désir » que les Grecs appellent « anorexie ». Comme le Bouddha accepte les invitations des « maîtres de maison » — contrairement à l'habitude des ascètes hindous —, Jésus mange à la table des publicains, à la différence de Jean-Baptiste, qui se nourrit de « sauterelles et de miel sauvage » (Matthieu 3,4).

Mais le désir, dans le Nouveau Testament, est ambigu. Tantôt il est convoitise, gloutonnerie « étouffant la parole qui reste sans fruit » (Marc 4,19), tantôt il est goût du partage, soif du don de soi, une demande illustrée par Jésus à la veille de sa Passion : « J'ai désiré d'un grand désir manger cette Pâque avec vous avant de souffrir » (Luc 22,14) [14].

On reste ici dans le registre gustatif, peut-être le mieux adapté à un auditoire qui ne mange pas toujours à sa faim et souffre probablement plus de carences alimentaires[15] que de frustrations érotiques. Et l'aliment divin, cette « bonne grâce » nommée « eucharistie », prendra la forme du pain qui rassasie et du vin qui réjouit.

La chair[16] est faible, mais la chère fortifie, semblent nous dire Jésus et les premiers chrétiens. Pour désigner l'amour, le Nouveau Testament utilise un mot apparu peu avant l'ère chrétienne, *agapè*, que l'on traduira plus tard par « charité ». Les milieux laïques et francs-maçons du siècle dernier rendront à ce terme son double sens gastronomique et philanthropique en nommant « agapes » un repas fraternel.

En fait, les premières communautés chrétiennes se réunissaient autour d'un repas, l'agapè[17], où l'on invitait les pauvres de la ville ou « nourrissons de la foi ». Dans ces assemblées, qui tenaient du dîner charitable et de la rencontre amicale, les liens entre participants se resserraient. L'agapè était soigneusement distingué de l'eucharistie, symbole d'un amour mystérieux, d'un désir insatiable, de ce qu'Aragon nomme, sur un mode profane, « la faim de toi qui me dévore, la soif de toi par quoi je tremble ».

Quant aux défunts et aux martyrs, ils avaient droit à d'autres dîners commémoratifs, macabrement nommés les rafraîchissements *(refrigerium)*. Toute cette activité de restauration, évoquant aussi bien le hors-sac des pèlerins que le banquet des anciens combattants, donnait une place considérable à ces repas fraternels, et le mot « frère » revient d'ailleurs constamment chez les auteurs du Nouveau Testament[18] comme chez les Pères de l'Église. Il ne s'agit cependant pas de la phratrie grecque, cette association de citoyens liée par les sacrifices communs et les repas religieux. Car la fraternité chrétienne symbolise les frères de sang, ces hommes « issus du même sein[19] ». Et elle se nourrit, spirituellement, au sein maternel de l'Église.

Les « païens » ne croyaient pas trop à ces débordements d'amour fraternel et y voyaient une résurgence de la pédérastie. Ils avaient probablement tort, car celle-ci avait laissé place à une institution différente, le parrainage : un chrétien confirmé initiait aux mystères de la foi un adolescent ou un jeune adulte. Le parrain ou sponsor se portait garant du néophyte et, même s'il brûlait parfois d'une amitié très vive pour son cadet[20], ce sentiment était, au moins dans son principe, un amour sublimé. Une institution assez voisine existe d'ailleurs dans le bouddhisme, celle des donateurs, grâce à laquelle une personne aisée finance les études d'un jeune moine et lui permet d'accéder à la vie religieuse.

Dans les textes chrétiens, l'amour mystique est souvent à l'image de l'amour humain : le Christ est l'Époux et l'Église l'Épouse, en grec la « nymphe ». Le christianisme emprunte à la Grèce son langage du mariage et en fait le symbole des relations entre Dieu et la communauté des croyants. Quant aux fidèles, s'ils « brûlent » (1 Corinthiens 7,9), qu'ils se marient, leur dit saint Paul, mais s'ils peuvent éteindre le feu de la passion, qu'ils se fassent « eunuques en vue du Royaume des cieux » (Matthieu 19,22).

Par cette image osée, Jésus ne doit guère surprendre ses auditeurs. Certains d'entre eux connaissent l'histoire de l'eunuque Putiphar, grand sommelier de Pharaon et employeur de Joseph (Genèse 39,1). D'autres apprendront bientôt celle du ministre des Finances de la reine d'Éthiopie, un castrat pris en char-stop par l'apôtre Philippe sur la route de Jérusalem (Actes 8,27). En Égypte ou en Mésopotamie, mais aussi en Perse ou en Chine, l'eunuque, ce « gardien de la couche », renonçait à sa virilité pour garder les épouses et les trésors des souverains. Mais, en transposant la notion de royaume dans un au-delà de l'espace et du temps, puis en appelant ses disciples à une « castration » volontaire, le Christ ne se situe pas dans la tradition d'Israël.

La gloire des vierges

Car cette louange de la chasteté n'est guère conforme à l'histoire biblique, tournée vers la fécondité de l'union sexuelle. La très jeune Marie souligne d'ailleurs, dans le Magnificat, l'étrange modestie de sa condition, admirablement décrite par Marie Noël : « Vierge que je suis, en cet humble état. Quelle joie en fleur de moi serait née[21] ? » Au contraire, le christianisme des premiers siècles exalte les femmes sans hommes, réserve une place de choix aux vierges et aux veuves, alors même qu'en Israël ces dernières doivent se remarier — avec le frère de leur conjoint grâce à l'institution du lévirat — et qu'en Inde elles se jettent sur le bûcher de leur mari. Avec le christianisme comme avec le bouddhisme, les femmes n'ont plus l'obligation sociale et morale de prendre époux ; le veuvage n'est plus synonyme de mort.

Cet appel du christianisme primitif à la continence prolonge des tendances observées dans le judaïsme tardif et dans la civilisation grecque. D'une part, certaines communautés religieuses d'Israël, telle la secte des esséniens, pratiquaient le mépris de la sexualité, et leurs hommes devenaient des « athlètes de vertu[22] ». D'autre part, des déesses comme la Diane romaine ou l'Artémis d'Éphèse érigeaient la chasteté en culte : pour cette dernière, dont la robe était couverte de testicules de taureaux, l'empereur Héliogabale s'était même fait châtrer. Une mutilation que le prêtre chrétien Origène reprendra à son compte.

Marie, mère de Jésus, deviendra le symbole de ce renoncement à la chair. Promue vierge *(parthenos)*[23], elle sera de plus en plus identifiée à Athéna, la chaste patronne des Athéniens, qui protège la ville du haut du Parthénon. Cette déesse de la Victoire *(nikè)*[24], exemple de vertu, servira souvent de modèle au culte marial qui, lorsqu'il faudra « délivrer » le tombeau du Christ par les Croisades, exaltera Notre-Dame des Victoires. La vénération exceptionnelle — « hyperdulie » — de Marie sera amplifiée à chaque guerre, la Mère de Jésus devenant la marraine des soldats, la protectrice des prisonniers, l'avocate des agonisants auprès du tribunal céleste. Même Jean-Paul Sartre, détenu dans un stalag, lui écrira un hommage.

Le « fil d'amour »

Les représentations indiennes du sexe sont assez éloignées de la tradition judéo-chrétienne centrée sur l'exigence démographique et sur la primauté de l'enfant, même si, dans la Bible, le Cantique des cantiques donne une vision plus sensuelle de la relation amoureuse. Dans l'Inde du Nord, les chants d'amour de la poésie sacrée évoquent plutôt la religion grecque et sa divinisation du corps. Celui que les Grecs nomment Éros et les Romains Cupidon, les Indiens l'appellent Kâma, personnification du désir.

Comme Éros, Kâma est un bel adolescent. Comme Cupidon, il tient un arc et lance des flèches. Parfois assimilé à Agni, le dieu du Feu, Kâma consume les hommes d'une passion brûlante et chavire les cœurs comme on bat le beurre. Son épouse est le Plaisir (Ratî), son frère la Colère (Krodha) et sa fille la Soif (Thrishâ), ce dernier mot dérivant de la même racine que l'allemand *Durst* ou l'anglais *thirst* qui désignent la soif. Le vigoureux Kâma est aussi celui qui donne de la force, de la douceur (son arc est en canne à sucre) et de la beauté (ses flèches sont des fleurs).

Le « fil d'amour », c'est le Kâma Sûtra, ouvrage qu'on peut dater du Ier au IVe siècle ap. J.-C. — mais qui se réfère probablement à des traditions plus anciennes — et qui fit scandale en Occident lorsqu'en 1883 il fut traduit en anglais par un ancien officier de la Compagnie des Indes, Richard Burton. Celui-ci trouva un terme de gentleman pour traduire en anglais l'acte sexuel : *the congress* (« le congrès »). Il rendait ainsi bien compte du climat d'urbanité, voire de mondanité, de vie sociale raffinée, qui imprègne la poésie érotique sacrée de l'Inde antique. Cet art de l'amour est contemporain des premières grandes cités, qui favorisent les rencontres et facilitent l'anonymat, au risque d'engendrer des « mésalliances ». De ce point de vue, les fantaisies érotiques sont strictement réglementées afin que les unions illégitimes n'engendrent pas des enfants nés de parents de castes différentes. L'un des effets majeurs de l'introduction du bouddhisme et, plus encore, du christianisme et de l'islam dans le sous-continent indien sera d'ailleurs d'y permettre les mariages inter-castes.

La crainte des souillures

Les options éthiques du Bouddha, comme celles de Jésus, ces deux vagabonds des campagnes et des banlieues — le premier prêcha souvent autour de Bénarès, et le second près de Jérusalem —, se situent à l'opposé de la vie facile de la classe possédante des milieux citadins. Ils prêchent un nivellement par le haut des exigences spirituelles et un nivellement par le bas des satisfactions sexuelles : riche ou pauvre, pur ou impur, chacun est promis au bonheur futur et appelé à des sacrifices présents. Qu'ils aient nom paradis ou nirvâna, ces joies à venir remplacent les voluptés actuelles et sont promises à tout le genre humain. Dans les forêts et le désert, loin des tentations de la ville, moines bouddhistes et chrétiens vont vitupérer les concupiscences de l'univers « policé », cette triple idolâtrie du sexe, du pouvoir et de l'argent.

Pour le Bouddha et ses premiers disciples, le désir est donc mauvais, il devient même le diable. Par sa tentation permanente, il creuse des soifs insatiables *(trishanâ)*, élève des obstacles insurmontables *(nîvarana)*, dépose des souillures indélébiles *(asrava)*. La sphère du désir *(kâmaloka)* est la plus basse de l'univers, celle qui englobe les enfers et dont le maître est Mâra, le démon tentateur. Ce dernier ressemble beaucoup au Satan des évangiles, car il met à l'épreuve le Bouddha en lui envoyant une armée de démons et une escouade de jolies filles. Il est l'Esprit du mal *(Pâpabuddhi)* et la mauvaise pensée *(pâpâtman)*, celui qui maintient l'homme dans les chaînes des passions et l'empêche de croître sur les « racines du Sain » *(Kushala Mûla)*.

Il faut donc traquer le désir dans ses moindres refuges et ses expressions les plus involontaires. Le premier schisme du bouddhisme aurait eu pour cause la pollution nocturne des moines : la majorité soutenait qu'ils ont le droit de rêver aux déesses, mais les Anciens leur refusèrent ce modeste plaisir. Tel serait, selon la version du Grand Véhicule, le motif principal de la séparation du Grand et du Petit Véhicule, intervenue lors du IIIe concile bouddhique (IIIe siècle av. J.-C.). Depuis cette époque, le Sangha du Petit Véhicule a néanmoins admis que l'émission involontaire de sperme n'était pas une cause d'exclusion du monastère[25].

En sanskrit, la souillure *(âsrava)* est, littéralement, un « écoulement » : suppuration de la plaie, exsudation morbide ou hémorragie de sang. Un tel suintement est souvent évoqué par le canon à propos de l'éléphant en rut qui est, pourtant, l'animal ayant conçu l'enfant Bouddha : il s'agit d'une humeur qui coule de l'oreille et rend l'animal si nerveux et dangereux que le cornac guette son apparition avec anxiété. La souillure est humeur visqueuse, liquéfaction de la volonté, débordement moral ou saillie du langage. Tout épanchement du cœur, effusion de tendresse ou jaillissement de la parole risque vite, aux yeux d'un clergé scrupuleux, d'être assimilé à cette perte organique, qui est l'équivalent, pour le latin ecclésiastique, de la *pollutio*, émission illicite de sperme par profanation de la femme ou de soi-même.

Le honteux et le sacré

Le bouddhisme et le christianisme sont-ils donc obsédés par le sexe ? Ils ne sont ni plus ni moins fascinés par lui que les dames romaines, qui portaient autour du cou leurs *fascini*, ces amulettes en forme de phallus destinées à écarter le mauvais œil. Toutes les religions sont captivées par le sexe, et de nombreuses langues confondent dans un même mot le sacré et le honteux[26].

L'arabe possède la notion de *haram* (ou *harem*), qui marque l'interdit ou l'inviolable, le périmètre des villes saintes de l'Islam ou l'appartement des femmes réservées au prince. L'hébreu utilise le mot *qadesh* (ou *qadosh*) pour désigner le sacré ou le honteux, tantôt sanctuaire divin tantôt sodomite maudit. Le grec parle du *hiéros* (ou *hiéreus*) à propos de tous ceux qui servent les dieux, prêtres d'un culte ou prostitué(e) sacré(e)s, ces hiérodules qui font grimper leurs fidèles clients au septième ciel pour les bonnes œuvres d'un temple et le plus grand profit de son trésor. De même l'Inde du Sud avait-elle des *devadâsî* ou « esclaves de la divinité », à la fois danseuses sacrées et servantes des brahmanes, parfois vouées aux plaisirs des fidèles, plus souvent à celui de leurs maîtres.

Ces pratiques peuvent renvoyer à d'anciens cultes de la fertilité[27], mais elles symbolisent aussi la notion de sacré qui, pour l'anatomie, voisine avec le honteux : sacrum et vertèbres sacrées, grand nerf honteux, ligaments utéro-sacrés, tous ces organes se trouvent dans les mêmes régions du corps humain, celles de la génération et de l'excrétion, dont la proximité faisait dire à saint Augustin que nous sommes nés entre les excréments et l'urine.

Le linga et le yoni

Dans l'Inde du bouddhisme naissant, on rencontrait une même vénération de la sexualité et de la fécondité : le shivaïsme célébrait les sexes de l'homme et de la femme, le linga et le yoni, qui symbolisent les énergies masculine et féminine du dieu Shiva. Probable résidu d'un culte des pierres dressées — sans doute analogue aux mégalithes de nombreuses civilisations —, cette vénération était inconnue de la religion védique et méprisée par les textes aryens. Plus ou moins réalistes, oints de lait, de beurre, de miel ou couverts de fleurs, ces attributs de la puissance et de la fécondité donnent lieu, aujourd'hui encore, à de grands pèlerinages, dont l'un des plus pittoresques, en plein Himalaya, a pour objet des lingam de glace.

En sanskrit, le linga est le « signe », la marque, l'emblème, qui évite le mélange des genres ou la confusion des sexes. À sa façon, Lacan était shivaïte lorsqu'il écrivait : « Le phallus est le signifiant privilégié de cette marque où la part du logos se conjoint à l'avènement du désir [...] il est par sa turgidité l'image du flux vital en tant qu'il passe dans la génération[28]. » Le phallus ou linga est bien, dans le shivaïsme, le signe par excellence et le flux procréateur, la féconde contradiction de ce diable de dieu qu'est Shiva, le « bienfaisant », dieu de la destruction et père de la conception.

Les Bouddha androgynes

À l'origine, le bouddhisme est aussi éloigné du symbolisme du linga que le christianisme l'est de son équivalent grec, le phallus : on ne saurait transformer l'objet d'un désir en cause de salut, puisqu'on échappe à la condition de mortel comme au cycle des renaissances en renonçant aux œuvres de la chair, si caractéristiques de la vie animale. Entrer au paradis ou parvenir au nirvâna, c'est découvrir un monde exempt des plaisirs et des souffrances de la sexualité.

La statuaire, notamment en Thaïlande, préfigure parfois cet état asexué en représentant souvent un Bouddha androgyne aux hanches et cuisses de femme, mais au torse et aux épaules d'homme. En conciliant formes graciles et force virile, le prince Gautama atteint la plénitude des deux sexes sans rien révéler de son intimité : le Bouddha n'est jamais sculpté ni peint entièrement nu, à la différence de son rival Mahâvîra, le fondateur du jaïnisme. L'image sans sexe et sans âge d'un Bouddha qui échappe aux lois de l'engendrement et du vieillissement n'est sans doute pas étrangère à sa fascinante beauté : nul ne peut lui trouver le moindre défaut physique, la plus petite trace d'incomplétude. Le Bouddha est doublement parfait, éternel dans son Illumination, admirable dans son corps mystérieux.

Main gauche et Main droite

Cette extrême pudeur du bouddhisme ainsi que son exaltation de la continence peuvent s'avérer intenables. Les religieux ont dû en tenir compte et, sur le plan érotique, l'histoire du Sangha est celle d'une tentative incomplète de dépassement du sexe. Le mariage des moines est pratiqué, au Cachemire, vers le Vᵉ siècle ap. J.-C. Et, comme pour le mariage de Luther, ce refus du célibat ne se borne pas à une simple concession aux élans de la chair : il annonce une véritable réforme doctrinale, celle du tantrisme.

Cette doctrine, attestée dès le IVᵉ siècle ap. J.-C., mais se référant à des pratiques bien antérieures, renverse la problématique du désir : puisque celui-ci ne peut être évacué, il deviendra non plus l'obstacle, mais le véhicule de la délivrance, guidé par les méthodes appropriées, notamment celle du yoga[29]. Le but est de parvenir à la plénitude universelle en abolissant la dualité du féminin et du masculin et, donc, en réalisant l'union des sexes.

Une telle démarche est fort éloignée des traditions judéo-chrétienne et islamique, marquées par la prééminence d'un Dieu masculin. Elle renoue avec l'hindouisme dans lequel chaque divinité a sa *shakti* ou « énergie », à la fois principe actif et énergie féminine, sorte d'élan vital sans lequel le dieu mâle ne serait qu'un cadavre. La Shakti personnifiée est devenue l'épouse de Shiva, et le tantrisme l'a récupérée pour redonner du féminin à une religion bouddhiste marquée par le rôle prédominant des hommes. D'origine populaire, le shaktisme n'est pas sans rappeler le culte marial, en moins virginal et en plus sensuel. Et les textes tantriques évoquent parfois les grands mystiques chrétiens comme Thérèse d'Avila ou Jean de la Croix : au mariage entre l'âme et Jésus son époux correspond l'union entre la Shakti et son dieu masculin.

Des actes sexuels de couple ou de groupe incarnent cet équilibre du masculin et du féminin que Jung, fortement influencé par la pensée de l'Inde, appelle l'animus et l'anima. Ces accouplements peuvent être consommés dans le tantrisme de la Main gauche (Vâmâchâra), celui du

Véhicule de Diamant, qui insiste sur le principe féminin. Le tantrisme de la Main droite (Dakshinâchâra), plus porté sur le principe masculin et connu en Chine sous le nom d'École des Secrets, se contente d'une union sexuelle symbolisée.

En raison du caractère parfois volontairement obscur de ces textes, le tantrisme de la Main gauche a longtemps été méconnu de l'Occident. Puis il a été pudiquement passé sous silence, un peu comme on ferme les yeux devant les diablotins ithyphalliques discrètement sculptés sur certains portails de nos cathédrales. Enfin, il est apparu dans sa véritable signification historique et psychologique, comme une sorte de retour du refoulé, de renaissance du shivaïsme et de son culte du linga et du yoni. En outre, ce tantrisme, dans ses formes les plus réalistes, n'est pas sans rappeler les messes noires pratiquées au XVIIe siècle dans les milieux aristocratiques (retrouvant aujourd'hui une certaine actualité) et qui prenaient pour autel le corps d'une femme, tout en simulant ou en réalisant des actes sexuels.

« Trouble mixture[30] », « perversion et horreurs[31] » pour certains commentateurs occidentaux, de telles pratiques montrent surtout l'étonnante continuité de la religion indienne. Malgré ses multiples transformations, elle reste fidèle à son vieux culte des divinités de la génération. Les réformateurs religieux sont leurs admirateurs successifs, tantôt chastes soupirants, tantôt fougueux amants, toujours pieux avatars d'un éternel désir.

Le yin et le yang

Arrivé en Chine, le bouddhisme tantrique n'a pas été dépaysé, tant la culture chinoise et la religion taoïste sont imprégnées par le dualisme du féminin et du masculin, le yin et le yang. Ces deux pôles de l'humain sont aussi les deux composantes de la nature et les deux versants de la montagne, comme l'ubac et l'adret dans les Alpes ou l'ombrée et la soulane dans les Pyrénées.

Les paysans chinois ont assimilé la femme au côté nord de leurs collines, froid, humide, mou et ombragé, tandis que l'homme représente le côté sud, chaud, sec, dur et ensoleillé. Psychologiquement, le yin et le yang veulent dire que tout penchant a son contraire, qu'il se rééquilibre par une force égale et opposée de la même manière que, sur une arête, un alpiniste se jette dans le vide pour faire contrepoids à son compagnon de cordée tombé sur l'autre versant.

L'équilibre des relations sexuelles a suscité, dans le taoïsme, tout un art d'aimer aussi explicite[32] que le Kâma Sûtra ou certains traités tantriques. Mais le but n'est pas ici de parvenir à l'union avec une divinité, d'honorer la puissance féconde d'une Târâ blanche ou d'une Târâ verte, ces divinités hindoues devenues, dans le bouddhisme tibétain, des émanations du Bouddha de la compassion. Il est plutôt d'obtenir la longévité par un bon usage des organes de la génération, qui associe génitalité et immortalité. C'est à chaque membre du couple de s'enrichir et de se renforcer par l'union avec l'autre dans la charmante rencontre de la « Tige de jade » et de la « Grotte de corail ».

Au Japon, le bouddhisme a dû composer avec le shintoïsme, qui, avec ses cultes phalliques et ses rites de fertilité, possédait une forte composante érotique. Au lieu de se concurrencer sur ce terrain, les deux religions se sont spécialisées autour des deux pôles de la vie, le shintoïsme étant associé à la naissance et au mariage, le bouddhisme au culte des défunts : le shintô favorise la natalité, le Bouddha apprivoise la mort.

C'est donc une morale syncrétique qui régit la vie sexuelle des Japonais et, surtout, des Japonaises. Attachée à la fécondité naturelle (d'où le succès de la méthode Ogino), elle refuse la contraception chimique tout en tolérant l'avortement (le bodhisattva Jizo, « l'embryon de la terre », s'occupe de l'âme des fœtus comme de celle des enfants morts en bas âge) et en acceptant la contraception mécanique. C'est d'ailleurs ainsi que les laboratoires japonais ont pu occuper une position dominante sur le marché mondial du préservatif.

Dans tous les pays d'Asie, le bouddhisme est aussi confronté, en matière de sexualité, aux profondes différences entre les règles et l'usage. Autant les textes canoniques les plus anciens — notamment le Vinaya Pitaka, la Corbeille de Discipline des moines — multiplient les interdits, autant la pratique monastique, parfois justifiée par des théologiens, révèle des lacunes dans l'observance. L'anticléricalisme chinois ou japonais, fort développé, s'est gaussé des moines qui vont au bordel ou séduisent leurs novices, comme des nonnes qui s'excitent toutes seules ou en groupe. Tout en faisant la part des exagérations, un regard objectif doit constater, plus encore que dans le christianisme, l'écart entre l'idéal du non-désir et la réalité des pulsions.

Les « petits soleils »

La morale de l'amour, dans le bouddhisme comme dans le christianisme, est aujourd'hui confrontée aux défis de la modernité et, d'abord, à l'égalité de l'homme et de la femme, un idéal qui, selon Georges Duby, constitue la plus grande révolution de l'histoire du monde : une révolution qui est en train de toucher l'Extrême-Orient et dont les effets sur les religions d'Asie pourraient être considérables.

Le contrôle des naissances n'est pas incompatible avec le bouddhisme, peu porté à s'immiscer dans la vie intime des laïcs. Mais, en décidant du moment de la conception, on fait de chaque nouvelle existence un acte volontaire. Et, si la vie n'est pas subie, comment y voir une douleur fatale ? Le Bouddha voulait que l'homme échappe au cycle des renaissances, la contraception est en train de le faire échapper au cycle des naissances.

Un bouleversement des lois naturelles est intervenu en Chine avec la politique de l'enfant unique menée depuis les années 1980 pour lutter contre la surpopulation. Cette pratique paraît contraire au juste équilibre du yin et du yang puisque les parents n'auront qu'un seul sexe représenté dans leur progéniture. De plus, s'il s'agit d'une fille, la filiation des hommes sera interrompue, et le culte des ancêtres ne pourra plus se transmettre de père en fils. Bien entendu, la polygamie — autrefois fréquente en Chine dans les milieux aisés et tolérée par le bouddhisme, dans la mesure où l'homme ne prend pas la femme d'un autre — n'est plus de mise aujourd'hui.

Chaque année naissent vingts millions de « petits soleils » choyés par leurs parents, qui gravitent autour d'eux comme des planètes aimantées par leur astre. Ces enfants-rois deviennent le centre de leur petit monde comme, naguère, l'empereur, Fils du Ciel, voyait converger les regards et les hommages. Trois cents millions de petits Chinois n'ont plus ni frère ni sœur : comment tisseront-ils des liens affectifs avec leur entourage, et comment pourront-ils perpétuer l'harmonie du groupe, si importante dans l'idéal confucéen ? Ces questions intéresseront aussi bouddhisme et christianisme, qui ont tant mis l'accent sur les communautés monastiques et la vie consacrée : les vocations religieuses naissent surtout dans les familles nombreuses, et la politique de l'enfant unique met en péril l'existence même du Sangha chinois.

La pilule et le sida constituent d'autres sujets de réflexion, et parfois de discrète satisfaction, pour des religions qui ont tant prêché la chasteté et voient triompher aujourd'hui le droit au plaisir mais aussi la mort par le sexe, comme si leurs vieilles mises en garde retrouvaient une utilité. La civilisation chrétienne a pu profiter de l'exaltation de la continence qui est un puissant encouragement à réinvestir dans des activités spirituelles l'énergie des pulsions, selon le processus décrit par Freud : « La sublimation des instincts constitue l'un des traits les plus saillants du développement culturel[33]. » La même remarque vaudrait pour la civilisation bouddhique dans sa dimension monastique, aussi artistiquement séduisante que moralement exigeante. En revanche, à l'égard des laïcs, notamment en manière d'union libre ou d'homosexualité, le bouddhisme a prolongé le libéralisme traditionnel des civilisations chinoises et indochinoises.

Vis-à-vis du sexe, les religions issues d'Abraham entretiennent un dualisme constant, fait de pudeur et de « débauche », de péché délicieux et de fruit défendu. Le brahmanisme avait une vision plus unifiante, célébrant la féminité et la virilité comme les deux plus nobles valeurs de la vie. Le bouddhisme monastique a voulu corriger la nature en chassant le désir pour prôner le mérite. En cela, le christianisme et le bouddhisme sont bien proches, qui ont voulu remplacer le « joyau de la femme » et les « bijoux de l'homme[34] » par des trésors de dévouement et des auréoles de gloire.

Mais cette morale héroïque ne doit pas masquer l'existence de courants religieux, bouddhistes ou chrétiens, moins austères et bien illustrés par ce texte de Jean Mambrino, poète et jésuite :

Mais ne méprise jamais
pèlerin
dans les derniers replis du soir
au bord des lacs où dorment
les montagnes
la femme
plus odorante que les pins
au corps de pollen et de raisin noir[35].

10.

L'argent

« Les percepteurs et les prostituées vous précèdent dans le Royaume de Dieu », affirme Jésus (Matthieu 21,31). À en croire l'Évangile, l'argent et le sexe mènent donc au paradis, même si, comme le font les péripatéticiennes, on les mélange quelque peu. Ce curieux rapprochement opéré par Jésus ne doit pas trop surprendre si l'on se souvient que le commerce de la chair s'appelle, en grec, du *porno* (du verbe *pernèmi*, « vendre »), c'est-à-dire de la « vente ». En effet, une femme vénale était, en général, une esclave vendue sur le marché et contrainte, selon la formule de l'argot d'Abidjan, de « faire boutique son cul ».

Les percepteurs étaient plutôt vendus à l'occupant — la puissance romaine — et corrompus par toutes sortes de combines. Le recouvrement des impôts était alors organisé selon le système de l'affermage (encore en vigueur dans la France de Louis XIV avec les fermiers généraux) : les percepteurs, devant une somme fixe au trésor public, prenaient un important pourcentage à leur profit et au détriment du peuple. Les agents dont parle Jésus pouvaient être des rouages relativement modestes dans cette hiérarchie. Ils étaient dits « publicains », et ces hommes publics monnayaient leur entregent comme les femmes publiques vendaient leur entrejambe. Imagine-t-on, durant la dernière guerre, un curé faisant l'apologie des trafiquants du marché noir et des « collabos » de l'armée allemande ? Pourtant, Jésus partage les repas de ces petits et grands affairistes, souvent assimilés aux voleurs par l'opinion publique.

Matthieu, dont l'évangile rapporte ces propos, aurait été lui-même un publicain nommé Lévi, recruté par Jésus alors qu'il était assis au bureau des taxes[1]. Matthieu-Lévi se serait ainsi constitué une rente perpétuelle en se promettant un avenir paradisiaque, une retraite dorée, bien dans la ligne de son métier lucratif. Là-haut, il retrouverait une compagne, la prostituée, et un compagnon, le bon larron de la Croix, tout autant voleur que lui et aussi vite promu à la récompense suprême.

Ce texte extraordinaire, le plus scandaleux de tous les évangiles, intrigue à juste titre. Le texte original est encore plus étonnant. Les percepteurs sont, en grec, les « hommes de l'achèvement » ou « de l'accomplissement » *(telônaï)*, le paiement de l'impôt mettant un terme à la dette. Or, la même expression est, selon l'évangile de Jean (19,30), reprise par Jésus sur la Croix : « Tout est accompli. » Le verbe *teleïoô* (« achever ») est ici utilisé trois fois en deux versets pour bien insister sur l'achèvement, la réalisation d'une promesse qui est aussi libération d'une dette. Comme le paiement de l'impôt, le sacrifice de Jésus met un terme à une dette, celle du péché.

Mais la rémunération de la prostituée, on voit mal quelle dette elle éteint. Le passage est alors à replacer dans son contexte, celui d'un entretien entre Jésus et les gestionnaires du Temple, ces grands prêtres et ces Anciens du peuple, aussi incrédules que dévots. Or, prostituées et publicains, femmes et hommes méprisés ont accueilli le message de justice de Jean-Baptiste et se sont repentis. De leurs biens mal acquis est née une vocation de pécheur, humble état nécessaire au salut : ces gens qui se vendent seront rachetés.

La prostituée du Bouddha

Comme Jésus, le Bouddha ne dédaigne pas l'argent. Il reçoit d'un riche banquier, Anâthapindika, un magnifique jardin que celui-ci avait acheté à un prince au prix fort, en couvrant tout le terrain de pièces d'or. Ce nom d'Anâthapindika peut être l'objet de jeux de mots grivois, puisqu'en sanskrit il signifie la « protubérance charnue des pauvres » et évoque la base sphérique du linga. Des textes canoniques préfèrent donc donner au banquier le nom moins réaliste d'Anâthapindada, le « bienfaiteur (ou nourrisseur) des pauvres ». Ce personnage légendaire apparaît effectivement comme le protecteur du Bouddha et de ses moines. Le bienfaiteur fait construire sur le précieux parc un monastère, le Jetavana, où le Bouddha et ses disciples peuvent se reposer pendant la saison des pluies. De nombreux monastères, en Chine comme au Sri Lanka, portent encore le nom du ce havre de paix ou sont bâtis selon le même plan.

Ainsi modifié par les textes pieux, le patronyme de ce généreux donateur illustre le problème de la dépendance des moines à l'égard de l'argent. En sanskrit, un pauvre *(anâtha)* est, littéralement, un « sans protecteur ». Pour vivre décemment, il faut donc trouver l'aide d'une personne dévouée et désintéressée, de quelqu'un qui soit protecteur et non souteneur.

Ce n'est pas facile, comme le montre l'histoire d'Amrâpâli, concubine du roi Bimbisâra et fervente admiratrice du Bouddha. Cette femme, dont « la nuit coûtait cinquante écus », nous disent les Écritures, offre au Bienheureux un beau domaine, le parc des Mangues, fruits qui, en Asie, symbolisent souvent le sexe de la femme. Non moins généreux, son concubin avait déjà fait cadeau à l'ascète du parc des Bambous, plantes qui figurent plutôt le sexe de l'homme. Et le prédicateur prend congé de sa bienfaitrice « après avoir par une homélie enseigné, encouragé, incité et réjoui la courtisane ».

Tous ces jardins de délices expliquent comment les « lieux de séjour » des moines, les *vihâra*, désignaient d'abord des endroits pour l'amusement, voire les ébats, avant de nommer les maisons des religieux. Cette ambiance de villégiature luxueuse détone aussi avec les austères recommandations de nombreux textes canoniques : « Ô moines, ne vous engagez pas dans des opérations de commerce, ne prenez qu'un repas par jour, avant midi, évitez la compagnie des femmes, soyez toujours modestes, chastes, gardez-vous des plaisirs », telles sont quelques-unes des formules qui reviennent souvent dans les Écritures.

Comme Jésus, le Bouddha fréquente des gens qui ont les mœurs et la vie facile. Comme la pécheresse, qui baise les pieds de Jésus[2] (Luc 7,4) et verra ses faiblesses pardonnées, Amrâpâli entre en communion avec le Bienheureux, car elle a entendu son message. Elle s'est laissé dire ses « quatre vérités » sur la souffrance bien mieux que les notables de la ville. Elle qui vit des plaisirs a compris le sens de la douleur. Peu importent ses « petits cadeaux », elle aura une grande récompense : sa mémoire sera exaltée et son fils deviendra moine. Il sera donc aussi pauvre que sa mère était riche, mais il pourra connaître les purs joyaux du Bouddha, du Dharma et du Sangha.

Le malhonnête Argent

On entre ici dans l'économie du bouddhisme, qui part d'une inégalité de condition pour opérer un transfert de richesses.

D'un côté, il y a le moine, qui « ne prend qu'un seul repas par jour, s'abstient du port des guirlandes, de l'usage des parfums et des onguents, des ornements et des décorations, des lits grands et élevés. Il s'abstient d'accepter de l'or et de l'argent[3] ». Le religieux est cet ascète mendiant qui, chaque matin, se promène en ville avec son bol à aumônes.

De l'autre côté, il y a les laïcs, « qui aiment les plaisirs des sens » et dont « les biens sont très abondants[4] ». On ne les en blâme pas, au contraire : le Bouddha leur donne même quelques conseils pour obtenir une « condition sociale honorable ». Il est recommandé de « balayer et d'arroser le sol d'un monastère », de « fournir aux personnes vertueuses et saintes ce dont elles ont besoin ». Il y a même « des actes qui peuvent obtenir aux êtres la certitude du salut : les dons faits au Bouddha, au Dharma et au Sangha[5] ».

Les laïcs bouddhistes gagnent sinon le nirvâna, du moins une renaissance supérieure grâce à l'aumône, une pratique tout aussi répandue dans l'Israël de Jésus, où elle constitue, avec la prière et le jeûne, l'une des trois pratiques religieuses essentielles. Dans le Proche-Orient, on ajoute à cette aumône volontaire une dîme forcée (la *zakât* des musulmans), ancêtre de nos cotisations sociales.

Le Livre de Tobit détaille ainsi « les bonnes œuvres » d'un Juif pieux, qui « fait beaucoup d'aumônes » et paie ses impôts dans l'allégresse, donnant « la troisième dîme aux orphelins, aux veuves et aux étrangers ». Ce bon patron, « qui ne garde pas jusqu'au lendemain le salaire d'un travailleur », n'est pas tout à fait désintéressé : « Ceux qui font l'aumône seront rassasiés de vie. » Et Tobit « fut enterré avec magnificence » (Tobit 1,3 ; 1,8 ; 4,14 ; 12,9 ; 14,11).

Au temps de Jésus, la protection sociale est déjà développée en Israël : il y a les « écuelles des pauvres » *(tamhûy)* distribuées chaque jour et qui ressemblent à nos « restos du cœur », tandis que le « panier des pauvres » *(qûppah)*, distribué chaque semaine, évoquerait plutôt les colis ou les bons d'achat des bureaux d'aide sociale ou des organisations caritatives.

L'évangile de Luc donne à la solidarité une dimension plus spirituelle en faisant de la générosité à l'égard du prochain une source de vie éternelle : « Vendez ce que vous possédez et donnez-le en aumône. Faites-vous des bourses inusables, un trésor inaltérable dans les cieux » (Luc 12,33). Au contraire, la mort attend « celui qui amasse un trésor pour lui-même au lieu de s'enrichir auprès de Dieu » (Luc 12,21).

Dieu aura pitié de celui qui est bon pour les autres et promettra le salut au bon Samaritain, qui verse de l'huile et du vin sur les plaies du voyageur blessé (Luc 10,34) tout en lui payant ses frais d'auberge. L'aumône est en même temps don matériel, élan du cœur, miséricorde divine[6], charité dans notre monde et indulgence pour le « prochain », qui est à la fois l'homme rencontré et le monde à venir. Car la mort est notre compagne et, « cette nuit même, on te redemande ta vie » (Luc 12,20).

La charité chrétienne est ici bien proche de la compassion bouddhique, jusque dans la rouerie. Jésus aurait dit : « Faites-vous des amis avec le malhonnête Argent pour qu'une fois celui-ci disparu ces amis vous accueillent dans des demeures éternelles » (Luc 16,9). Dans le texte grec, *Argent* s'écrit « Mammon », dieu syrien des Richesses, souvent assimilé au Veau d'or, qu'Israël avait adoré dans le désert. Et, dans la version latine, les « demeures éternelles » sont des « tabernacles » *(tabernacula)*, c'est-à-dire des sanctuaires portatifs contenant l'Arche d'Alliance. Bouddha aussi s'était fait des amis avec le malhonnête Argent de nombreux bienfaiteurs grâce auquel il acquit un joli patrimoinc foncier, bien éminemment durable sinon éternel. La fin justifie parfois les moyens et tolère quelques entorses à la morale : Jésus fait l'éloge d'un « gérant trompeur parce qu'il avait agi avec habileté » (Luc 16,8) et, « par compassion », le Bouddha accepte des riches seigneurs des « vêtements précieux[7] », un cadeau qui sera formellement interdit par la règle monastique, avant de recevoir également le jardin que la prostituée Amrâpâli lui offre au cours d'un banquet. Si l'on veut éviter toute justification facile et toute interprétation accommodatrice, on doit bien reconnaître le caractère peu orthodoxe de ces méthodes.

Les « bonnes donations »

Ces pratiques choquantes sont à replacer dans leur contexte économique et théologique, celui de religieux à la recherche de leurs sources spirituelles et de leurs nourritures terrestres. Les deux sont indissociables et, si le Christ fréquente les percepteurs aisés comme le Bouddha les riches marchands, c'est qu'ils ont besoin de leurs dons pour répandre leur message.

Ils ne seront d'ailleurs par déçus. Zachée, le chef des collecteurs d'impôts, donne la moitié de ses biens aux pauvres de Jésus (Luc 19,8), tandis que Trapusa et Bhallika, les commerçants aux « cinq cents charrettes transportant des marchandises de grande valeur[8] » font des offrandes au Bouddha. Excellant dans la *charity business*, celui-ci convertit un « fils de bonne famille », le jeune Yashaskara, perdu dans ses trois palais et fatigué par un excès de courtisanes au point d'être frappé d'impuissance. Le fils devient moine et le père doyen des laïcs, ce dernier offrant aux religieux « tout ce dont ils auront besoin[9] ». Ceux-ci acceptent, bien entendu « par bonté et par compassion ». Plus prosaïquement, l'argent est nécessaire à l'activité intellectuelle et spirituelle des deux réformateurs : le Bouddha a ses marchands et le Christ ses publicains comme Virgile a son Mécène.

Les dons affluent non par hasard mais avec méthode. Peut-on dire avec calcul ? Pas vraiment. Jésus et le Bouddha ne planifient pas la quête, mais diversifient intelligemment leurs relations : ils fréquentent en même temps des riches qui donnent et des pauvres qui reçoivent. Ils se constituent ainsi ce que nous appellerions des mailings de donateurs et des fichiers d'aide sociale. Hélas, Jésus n'évitera pas le mal chronique des organismes de bienfaisance, l'escroquerie, puisque son trésorier, Judas, « était voleur et que, chargé de la bourse, il dérobait ce qu'on y déposait » (Jean 12,6).

La redistribution des richesses est facilitée par les innombrables repas auxquels Jésus et le Bouddha participent : chacun verse au pot commun, et l'atmosphère conviviale favorise à la fois la communion des idées et la circulation de l'argent. Des repas des Apôtres dans la ville de Jérusalem (Actes 2,46) aux dîners du Bouddha sur les rives du Gange, les banquets ouvrent les cœurs et délient les porte-monnaie. Le partage est d'abord celui du pain rompu et du riz distribué, puis, progressivement, les monastères chrétiens et bouddhistes se transformeront en banques alimentaires pour les plus pauvres.

Reste à savoir si les religieux doivent travailler ou vivre de dons. Pour le Bouddha, la réponse est claire : les moines vivent de l'aumône, des « bonnes donations », ces « fruits de l'épargne » qui procurent à leurs auteurs des siècles de bonheur dans les destinées futures. Les membres du Sangha n'ont donc pas à travailler ni à remercier les donateurs pourtant sans cesse sollicités.

Dans le Nouveau Testament, les réponses sont plus ambiguës. « Le travailleur mérite son salaire » (Luc 10,7), dit Jésus à ses disciples tout en affirmant : « Vous avez reçu gratuitement, donnez gratuitement » (Matthieu 10,8). « L'ouvrier mérite son salaire » (1 Timothée 5,18), estime saint Paul, tout en ajoutant qu'il annonce « gratuitement l'Évangile de Dieu » (2 Corinthiens 11,7) et « qu'il a renoncé à son droit aux biens matériels » (1 Corinthiens 9,15).

Le débat porte ici sur la notion de désintéressement. Ernest Renan, ancien séminariste, écrivait : « L'homme voué aux travaux désintéressés est un mineur dans les affaires du monde. Il faut qu'il ait un tuteur[10]. » À suivre Renan, un religieux ou une religieuse, incapable de gagner sa vie, ne deviendrait jamais un adulte. Quant au donateur laïc, qu'il se procure une indulgence en vue du paradis ou un passeport pour le nirvâna, son désintéressement est mis en doute par de nombreux moralistes, dont la méfiance peut être résumée par cette maxime d'André Gide : « Derrière le plus beau motif, souvent se cache un diable habile[11]. » Aujourd'hui encore, les modalités de subsistance des religieux sont encore discutés dans le christianisme, qui comprend aussi bien des prêtres au travail que des ordres mendiants.

La civilisation de la cravate

Mais, durant deux millénaires, le donateur chrétien ou bouddhiste avait un intérêt plus immédiat dans sa générosité à l'égard des religieux, qui, eux aussi, possédaient un motif très concret d'entrer dans les ordres. D'un côté, les laïcs bénéficiaient de l'enseignement et des soins dispensés par les congrégations enseignantes et hospitalières. De l'autre, les enfants pauvres accédaient à la culture et à la considération en entrant dans des séminaires et monastères : pour eux, les dons des laïcs ressemblaient à nos bourses d'État.

Des milliards de chrétiens ont vécu les premières et les dernières années de leur vie dans les écoles et les hospices des « bonnes sœurs ». Des milliards de bouddhistes ont appris les caractères chinois chez les moines bouddhistes avant d'aller se faire soigner chez les prêtres-médecins taoïstes. Les clergés formaient alors des instituteurs et des infirmiers peu coûteux à entretenir et peu pressés de faire grève, à la grande satisfaction des gouvernements : ces travailleurs sociaux, ayant fait vœu d'obéissance et de pauvreté, n'exigeaient ni reconnaissance syndicale ni promesse d'augmentation.

Mais quel rôle social attribuer aujourd'hui aux religieux et aux religieuses, alors que, dans de nombreux pays, l'État supplante les Églises dans leurs fonctions traditionnelles ? Quelle place dans la société tiendront le million de religieuses et le demi-million de religieux ou de prêtres catholiques ? La diminution du nombre de « vocations » est sans doute une réponse à la redéfinition de la mission : pour reprendre une comparaison évangélique, quand il y a moins de travail dans les vignes, Dieu envoie moins de vignerons. Ceux-ci peuvent aussi travailler à mi-temps, par exemple avec le statut de diacres qui permet de contourner sinon de résoudre la crise du sacerdoce.

Une évolution semblable quoique plus brutale risque de se produire bientôt dans le bouddhisme. Jusqu'ici, celui-ci a surtout souffert de révolutions marxistes qui, en Chine et en Indochine, ont remplacé les institutions monastiques par des administrations d'État chargées tout à la fois de propager la « juste doctrine » — cette expression maoïste reprend une vieille formule des textes bouddhiques —, de délivrer les bons enseignements ou les soins appropriées : les gardes rouges ont singé les enfants-moines, comme les « médecins aux pieds nus[12] », ont pris la place des prêtres taoïstes. Quant au commissaire politique, il était chargé de prêcher la nouvelle « voie du milieu » contre les déviationnismes de droite ou de gauche.

Mais aujourd'hui le bouddhisme doit affronter le triomphe du capitalisme et la montée de l'État moderne. Dans les pays du Petit Véhicule, où les monastères jouent un rôle essentiel, on se demande ce que deviendront ces immenses institutions de mille ou deux mille moines, ce réseau serré de temples et de pagodes, dont chacun loue l'architecture admirable et la sérénité bienfaisante, mais dont on ne voit plus guère l'utilité sociale, notamment en matière d'éducation et de santé.

Pour peu que, comme en Thaïlande, des moines soient contaminés par le virus du sida dans les salons de « massage » ou par celui de la spéculation dans des placements lucratifs, la presse d'opposition les traite comme des parasites : à quoi servent ces hommes qui ne gagnent pas leur vie et vivent confortablement ? Que penser de la mendicité de ces jeunes moines plus habitués à quémander qu'à travailler ?

La réponse n'est pas évidente, et le bouddhisme affronte

actuellement une laïcisation et une américanisation des sociétés d'Extrême-Orient qui vont l'obliger à redéfinir le rôle du Sangha comme à réajuster ses dimensions. Dans des villes comme Hongkong, Bangkok ou Singapour, les maisons de prière sont remplacées par les immeubles de bureau, et les tuniques safran des moines par les costumes croisés des cadres. Le bouddhisme est entré dans la civilisation de la cravate sans trop savoir ce que deviendront ses hommes de robe, dépositaires de traditions menacées et de valeurs en recul.

Le vignoble et la rizière

Si le bouddhisme et le christianisme ont institué, en faveur du clergé, une économie du don[13], ont-ils promu pour le laïcat une économie de l'échange ?

Les risques d'anachronisme sont ici considérables. Le mot « économie » désignait, jusqu'au XVIIe siècle, l'art d'administrer une maison (du grec *oïkos*, « habitat » et *nomos* « usage », « coutume »), un ensemble de recettes familiales et de coutumes ancestrales. La notion d'économie, au sens de gestion d'une collectivité ou d'un pays, ne date que des débuts de la révolution industrielle, alors que les fondements du christianisme et du bouddhisme étaient déjà posés depuis près de deux millénaires.

Pour le Christ et le Bouddha, le modèle économique est celui du vignoble ou de la rizière, et le plus puissant agent économique est un simple maître de maison ou un propriétaire de domaine. Ils peuvent être riches comme ce « gérant habile » de l'Évangile qui accorde des moratoires de jarres d'huile et de sacs de blé à ses débiteurs (Luc 16,1) ou comme les deux commerçants indiens amis du Bouddha dont les « cinq cents charrettes » sillonnent les routes de l'Inde. Mais les uns et les autres gèrent leurs biens selon des méthodes traditionnelles que des réformateurs religieux n'entendent pas bouleverser.

Le Christ et le Bouddha n'ont pas prêché une réforme économique, encore moins une révolution sociale, même s'ils ont contribué à ébranler l'ordre social de leur époque. En revanche, le bouddhisme et le christianisme naissants ont beaucoup profité des injustices de la société et des archaïsmes de son fonctionnement. En s'adressant aux hommes de toutes les nations, races, langues, classes et castes, ils ont transcendé les clivages traditionnels et témoigné contre des vieilles aliénations sans pour autant y apporter de remède institutionnel.

Dans l'Inde des Maurya, vers 320 av. J.-C., l'échelle des traitements des agents publics allait de 1 à 800[14], mais le message du Bouddha ne comporte aucun programme de redistribution des revenus. Dans la Palestine de Jésus, la corruption des hauts fonctionnaires civils et militaires enrichissait les plus favorisés tout en ponctionnant les bas revenus. Le petit peuple ne pouvait alors qu'applaudir les injonctions de Jésus aux percepteurs et aux soldats : « N'exigez rien de plus que ce qui vous a été fixé [...] contentez-vous de votre solde » (Luc, 3,13). Mais Jésus ne s'est jamais attaqué aux fondements de l'économie colonialiste des Romains ni même à ceux de la société hellénistique des grandes villes.

Par la suite, l'échec des réformes fiscales et administratives de l'empereur Dioclétien (284-305), visant à lutter contre la hausse des prix et à élargir l'assiette de l'impôt, affaiblira le régime impérial et contribuera, autant que les difficultés militaires de l'Empire, à la victoire du christianisme comme à la « conversion » de Constantin. Mais l'Église primitive n'aura ni programme économique ni projet social visant à renverser un ordre établi pour en fonder un autre.

Éthique protestante et morale bouddhique

L'étude des relations entre religion et économie n'a d'ailleurs été scientifiquement entreprise qu'au début du XXe siècle, en Europe de l'Ouest, c'est-à-dire en des temps et en des lieux fort éloignés de la Palestine de Jésus comme de l'Inde du Bouddha, sans qu'on tienne toujours assez compte de ces énormes différences.

Le pionnier en la matière fut Max Weber avec son ouvrage sur *L'Éthique protestante et l'Esprit du capitalisme*[15], publié en 1905 alors que l'Allemagne luthérienne, l'Angleterre calviniste et anglicane et les États-Unis majoritairement protestants étaient les trois premières puissances économiques du monde. Weber n'a donc aucun mal à établir les liens entre l'exaltation du travail par Luther, la morale puritaine de Calvin et les triomphes du capitalisme anglo-saxon. Face aux pays catholiques méditerranéens préférant les bas de laine aux prêts bancaires, les stocks d'or aux capitaux circulants et la sécurité de la rente aux placements en actions, les nations protestantes prenaient des risques et gagnaient, marquées par la prédestination divine et stimulées par la « société de confiance[16] ».

L'ouvrage de Max Weber n'a été traduit en français qu'en 1964, au milieu des « trente glorieuses », si favorables aux pays catholiques : on parlait alors du « miracle » français, italien, espagnol ou irlandais, ces quatre pays affichant alors les plus forts taux de croissance en Europe. On aurait pu retourner les arguments de Weber et montrer la supériorité de la morale catholique : son goût de l'obéissance et son respect de la hiérarchie peuvent favoriser l'exécution des ordres et l'unité du commandement, deux facteurs de réussite essentiels dans les immenses conglomérats d'usines tayloriennes, où chacun est un rouage dans la machine à produire et un pion sur l'échiquier du profit.

Faudrait-il donc aujourd'hui vanter la discipline confucéenne, la sagesse taoïste ou la morale bouddhique pour expliquer la croissance phénoménale de la Chine ? Mais pourquoi le Japon, naguère le meilleur élève mondiale de la classe capitaliste, est-il aujourd'hui à la peine ? Est-ce la faute du shintoïsme ? Et que dire des performances remarquables de l'Indonésie musulmane, de l'Inde hindouiste, voire des Philippines catholiques (voir tableau page suivante) ? Quant à la Corée, un tiers bouddhiste, un tiers confucéenne et un tiers chrétienne, un peu animiste et catholique, mais davantage protestante, on ne sait où la classer, mais ses voitures sont dans nos rues et ses téléviseurs dans nos salons.

Weber s'est pourtant essayé, voici quatre-vingts ans, à une explication religieuse de l'« arriération » de l'Extrême-Orient[17] et, notamment, de celle de la Chine liée à la magie et à la défiance : « De la magie a découlé l'intangibilité de la tradition. [...] La méfiance typique des Chinois contraste puissamment avec la confiance en l'honnêteté des coreligionnaires dans les sectes protestantes[18]. » Ce mélange de crédulité envers le surnaturel et de suspicion à l'égard des humains aurait empêché l'Asie d'accéder à l'économie moderne.

On peut certes s'étonner des pratiques magiques des Chinois, qui achètent en Bourse l'année du Rat et vendent l'année du Bœuf, mais cette méthode cyclique n'est guère plus irrationnelle que nos études graphiques, qui interprè-

Expansion économique et diversité des croyances
croissance du PIB en 1995

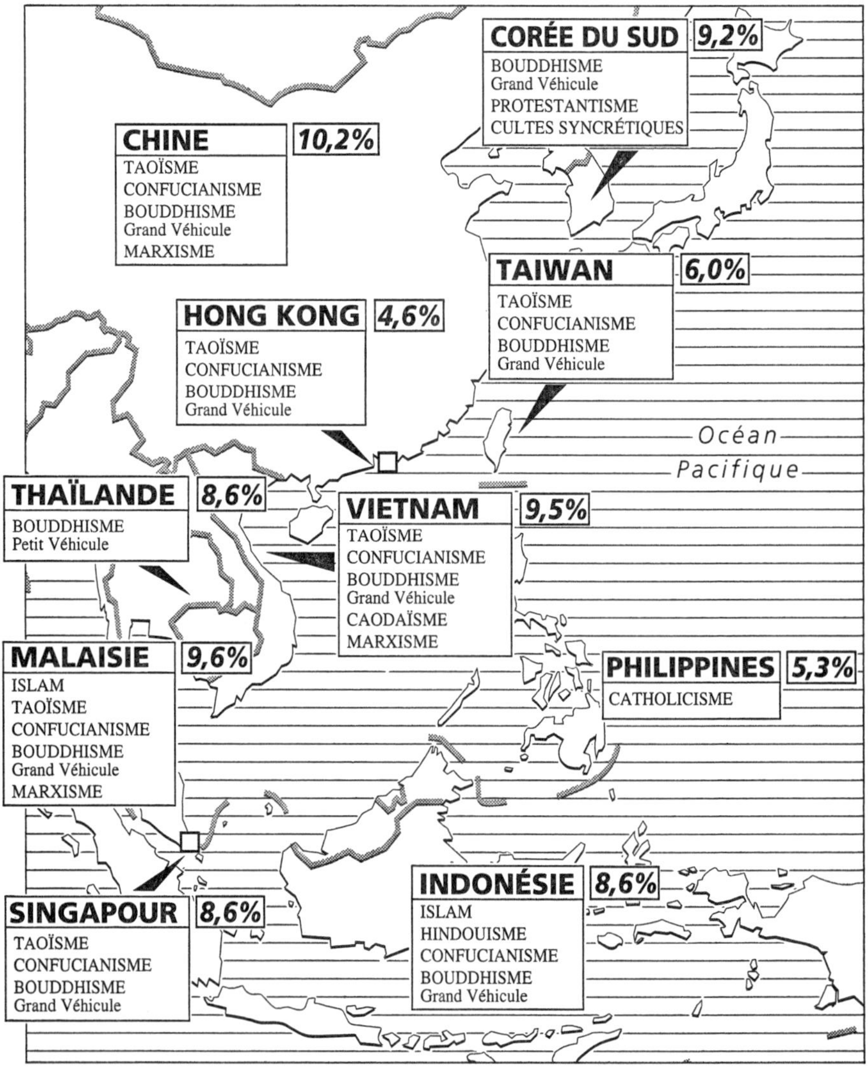

tent la fluctuation des cours comme les chiromanciens les lignes de la main. « Tous les peuples de l'Orient, et notamment les Chinois, étaient des poltrons et des voleurs », écrivait Chateaubriand dans *Mémoires d'outre-tombe.* C'est aussi un argument un peu court pour décrire la psychologie et l'économie de l'Asie de l'Est, surtout venant d'un auteur qui n'avait jamais mis les pieds en Chine.

Les marchands de la Pagode

De même, Max Weber, qui ne connaissait ni les langues ni les pays de l'Extrême-Orient, reprenait certaines affirmations courantes à son époque. Ainsi écrit-il que « le bouddhisme fut propagé par des moines mendiants et vagabonds, résolument contemplatifs et contempteurs du monde[19] ». C'est négliger le rôle important des marchands bouddhistes, ouvrant des commerces et des pagodes le long des routes de la soie comme dans les ports de la mer de Chine. À cette religion des « renonçants », Weber oppose le christianisme, qui « a commencé sa carrière comme doctrine d'artisans itinérants ». C'est oublier que les premiers convertis ne furent pas des artisans, mais des soldats : les centurions de l'Évangile et des Actes des apôtres[20], qui n'avaient rien à fabriquer ni à vendre.

Weber voit dans le capitalisme protestant le triomphe de la raison grecque et de la rigueur chrétienne : « Seul le protestantisme a réalisé jusqu'à son terme le total désenchantement du monde[21] », nécessaire au progrès matériel et au calcul économique. L'auteur s'oppose ici à un autre sociologue allemand, Werner Sombart, qui voyait dans le judaïsme le moteur du capitalisme moderne[22]. Il se distingue surtout de Zola, pour qui l'argent est une force aveugle et la banque israélite, protestante ou catholique, une entreprise sans foi ni loi[23].

L'histoire ancienne et moderne donne plutôt raison à Zola contre Weber : les changements économiques suivent des innovations technologiques, elles-mêmes liées à des mutations intellectuelles et sociales trop complexes pour dépendre du seul facteur religieux. Pour reprendre un exemple célèbre, la Réforme, avec son culte de l'Écriture, est plus une conséquence qu'une cause de la diffusion du livre, puisque la première presse de Gutenberg — qui avait d'ailleurs été anobli par l'archevêque catholique de Mayence — a précédé de trois quarts de siècle la prédication de Luther.

En Extrême-Orient, l'analyse se complique encore, car les religions, loin de s'exclure, s'y ajoutent et se mélangent au point qu'il est presque impossible de reconnaître l'apport de chacune. La Chine a inventé le papier, la brouette, la poudre, les cloches et le billet de banque, sans qu'on puisse mettre ces révolutions techniques au crédit du bouddhisme, du taoïsme ou du confucianisme. À l'inverse, la longue léthargie qui frappa l'Empire du Milieu entre le XVIe et le XIXe siècle ne saurait être imputée à une seule confession, car cet immobilisme a de multiples causes sociales, politiques et idéologiques. L'actuelle révolution économique de ces pays n'est pas non plus tombée du ciel : les communistes athées de la Chine se révèlent d'aussi bons capitalistes que les patrons japonais qui font retraite dans les monastères bouddhistes[24] ou les chefs d'entreprises coréens qui sponsorisent la secte Moon.

L'enfer des paradis

Que l'Asie supplante l'Europe comme premier pôle économique mondial ne signifie pas la victoire du Bouddha sur Jésus. Ce qu'Oswald Spengler appelait, en 1916, le *Déclin de l'Occident* a sans doute bien d'autres causes, à commencer par les deux guerres mondiales, le vieillissement de la population, les dépenses de prestige ou les coûts sociaux de nos États-Providence. Un jour viendra où, la roue de l'histoire ayant tourné, l'Extrême-Orient connaîtra, lui aussi, sa période de crépuscule. Il souffrira de coûteux conflits, de sociétés bloquées, de charges indues et de tout ce qui fera le fardeau de l'homme jaune. Déjà, nombre de pays bouddhistes à « hauts salaires » comme le Japon, la Corée, voire la Malaisie, souffrent de délocalisations d'usines vers d'autres pays bouddhistes plus pauvres comme le Viêt-nam ou la Birmanie.

Peut-être le XXIIe siècle sera-t-il africain, mais le début du XXIe s'annonce asiatique et nous donne le vertige à nous, Européens de l'Ouest, Extrême-Occidentaux, éloignés des nouveaux courants d'échange, perdus dans ce bout du vieux monde, cette « fin de la terre » *(finis terrae)* qu'on appelle le Finistère. Dans cette vieille région catholique, on bénit des chalutiers bretons promis à la ferraille, tandis que les pardons font le tour des ports sinistrés. En 1939, les trois premiers ports du monde : Londres, Anvers et Rotterdam, avaient de belles cathédrales. Aujourd'hui, le trio de tête, Hongkong, Singapour et Kaohsiung (à Taiwan), a de jolies pagodes. La mer de Chine a remplacé la mer du Nord, les pactoles ont changé d'océan, et les fortunes voguent vers d'autres cieux.

Nous aimerions revenir aux temps bénis de la croissance forte et de l'Occident vainqueur. Nous voudrions chasser comme un cauchemar les scènes de ces petits hommes jaunes inondant nos marchés de leurs produits copiés sur les nôtres. Hélas, ils sont là pour longtemps, et leur réussite est, pour notre civilisation, un nouveau casse-tête chinois.

Peut-être devrions-nous fréquenter les écoles des mandarins et en tirer quelques leçons. Dans la langue de Confucius, *apprendre (xué)* signifie « imiter » : de même que l'écolier reproduit des milliers de caractères, imitant le pinceau de son maître, les Asiatiques copient le « caractère » occidental, le mode de pensée capitaliste, les méthodes de production modernes. Reste à savoir si l'imitation pourra longtemps se passer d'invention et si l'Asie pourra indéfiniment se mouler dans un cadre culturel défini par l'Occident sans renier ses propres valeurs.

En attendant, les Asiatiques peuvent remercier Maitreya, le Bouddha du futur, patron des bijoutiers, de leur avoir transmis sa prospérité. Et les Occidentaux peuvent prier saint Matthieu, patron des banquiers et des fonctionnaires, de leur rendre la richesse et la sécurité. L'ancien employé du bureau des taxes doit bien savoir comment faire rentrer l'argent dans les caisses de l'État et comment le faire sortir de ces nouveaux enfers de l'avarice : les paradis fiscaux et autres zones franches qui prospèrent dans les pays bouddhistes aussi bien que chrétiens. Aujourd'hui, endetté et appauvri, c'est l'État-Providence qui tend le bol à aumônes.

11.

La santé

« Partout où Jésus entrait, villages, villes ou campagnes, on mettait les malades sur les places ; on le suppliait de les laisser toucher seulement la frange de son vêtement, et tous ceux qui le touchaient étaient guéris » (Marc 6,56).

Si on en reste à une lecture littérale du Nouveau Testament, les places des cités de Palestine ressemblent à des cours des miracles, et les vêtements de Jésus à des gris-gris de marabout. Car on ne cesse de « guérir » dans les évangiles, surtout dans celui de Marc : une guérison par chapitre, concernant les pathologies les plus diverses. Jésus guérit la cécité, congénitale (Jean 9,1) ou non (Marc 10,46), l'aphasie — « le démon muet » — (Luc 11,14), la cécité et l'aphasie réunies (Matthieu 12,29), la surdité doublée de troubles de la parole (Marc 7,32), l'épilepsie (Marc 9,18), les hémorragies (Marc 5,25), les crises de fureur (Marc 5,2), les paralysies (Marc 2,1), les dermatoses (Marc 3,1), la lèpre (Marc 1,40), les fièvres (Marc 1,30), etc.

Les symptômes ne sont pas toujours précisément décrits, le diagnostic est parfois celui, incertain, de l'époque, mais l'activité médicale du Christ est inlassable et couvre tout le spectre des maladies humaines. Si l'on s'en tient à une lecture quantitative des évangiles, les deux occupations favorites de Jésus sont manger et guérir, puisque les évangiles décrivent une soixantaine de repas et autant de guérisons. C'est une sorte de dispensaire mobile qu'ouvre ce prédicateur itinérant qui, entre deux pauses casse-croûte, travaille sans relâche à sa polyclinique.

Guérir ou sauver

Reste à connaître la nature de ces guérisons. À la notable exception de celle d'André Chouraqui, la plupart des bibles françaises traduisent par « guérir » un verbe grec qui signifie « sauver » *(sôzô)*. Et toutes les bibles françaises — y compris celle de Chouraqui — rendent également par « guérir » un verbe *(therapeuô)* qui signifie « soigner ». Apporter le salut reviendrait à rendre la santé à une humanité en quête d'avenir et menacée de fin du monde. Une telle équivalence entre salut et santé serait la réponse évangélique à l'angoisse apocalyptique du temps de Jésus... ou du nôtre.

Les traductions anglaises sont plus proches du texte original des évangiles. Elles disent que Jésus « fit du bien » *(made well)* aux malades, que ceux-ci « étaient rendus sains » *(were made whole)*, parfois qu'ils étaient guéris *(cured)*. Car, en anglais, « soigner » (*to cure* apparenté au français « cure » via le latin *curare*, prendre soin) a fini par signifier « guérir ». Qu'est-ce donc que soigner ? Peut-on guérir[1] ? Telles sont les deux questions posées par les interventions controversées de Jésus.

Si le Christ touche le malade, celui-ci n'est plus « intact », il ne retrouve donc pas son intégrité. C'est précisément le « tact » de Jésus qui l'atteint, son contact qui l'émeut et le fait parvenir à un nouvel état préférable à l'ancien, même s'il ne retrouve pas les fonctions perdues. Mais n'y a-t-il pas dans ces guérisons beaucoup de suggestion, et dans cette imposition des mains un peu de manipulation ?

La réponse n'est pas simple, d'autant que les infirmités des amis de Jésus ne sont pas faciles à caractériser. Maladies psychosomatiques ? Malaises plus fonctionnels qu'organiques ? Ces distinctions n'avaient guère de sens à l'époque du Christ, qui n'a d'ailleurs pas voulu faire œuvre de science. À ses visiteurs, il donne seulement de son précieux temps, à ses patients, de sa « pas science », comme aimait dire Françoise Dolto[2].

Jésus soigne les maux avec les mots. Son remède est la « parole », un terme que les évangiles ont quasiment créé et qui est une contraction de la « parabole », ce récit éclairant qui est la méthode pédagogique préférée du Christ. La parole est, littéralement, « ce qui atteint » (du grec *paraballein*, « atteindre près de ») l'auditeur, le touche profondément, le marque durablement et fait qu'il ne sera plus jamais comme avant.

Est-il pour autant guéri ? Sûrement pas s'il ne veut pas entendre. Avec les scribes et les pharisiens, la parole se fait palabre, discussion interminable ou manœuvre dilatoire, qui n'apaise ni le corps ni l'âme et qui, au mieux, retarde l'inéluctable désaccord. Avec le centurion romain, au contraire, la cure brève fait miracle puisque avec une seule parole de Jésus son serviteur est guéri (Luc 7,1).

La psychanalyse parlerait ici d'un transfert excessivement positif — et, donc, potentiellement dangereux — qui n'éclaire pas beaucoup sur les méthodes cliniques de Jésus à propos desquelles les évangiles se plaisent à brouiller les pistes. Ils utilisent six verbes différents, que l'on traduit généralement par « guérir » : *therapeuô*, « prendre soin » ; *iaomaï*, « traiter médicalement » ; *hugiaïnô*, « se bien porter » ; *katharizô*, « purifier » ; *sôzô*, « sauver » ; *apoluô*, « délier », « délivrer ». Tantôt le Christ « purifie » les lépreux (Matthieu 8,2) et use d'un procédé cathartique, tantôt il est le serviteur du malade et lui donne ces soins que le Grec nomme « thérapie » (Matthieu 4,23). Dans la civilisation grecque, les fonctions de thérapeute — comme, d'autre part, celles de pédagogue — impliquaient souvent une notion d'assistance, voire d'infériorité de la part du professionnel, qui était généralement de rang social inférieur. Le rôle de Jésus s'apparente à celui d'un aide-soignant, et sa fonction rappelle celle des thérapontes, ces écuyers qui aidaient le soldat homérique à revêtir son armure — Françoise Dolto aurait dit sa « carapace » — pour se protéger. En se faisant modeste, le « roi des Juifs » aide les gens du peuple à devenir plus forts, à se dépouiller de leurs vieux complexes pour entrer dans cette sorte d'armée du salut qu'est le peuple des baptisés.

Et en travaillant le jour du Seigneur (le sabbat), le Christ fait concurrence aux prêtres, qui n'apprécient pas ce guérisseur laïc. Sa méthode consiste à délier les membres engourdis comme on dénoue les liens du péché, à redresser les dos bossus comme on relève les hommes tombés[3]. Il y a de l'analyse dans cette recherche des causes, de la dialyse dans cette purification des êtres, quelque chose qui remonte jusqu'au cœur du problème et aux nœuds des conflits.

Santé et sainteté

Jésus ne s'arrête donc pas aux symptômes. Il cherche à retrouver la vieille relation entre salut et santé, deux mots de même origine[4], qui renvoient à la globalité de l'être humain, à ce que la pensée indienne nomme le *sarva*, c'est-à-dire l'ensemble des dimensions, la « somme des éléments » dont le traitement relève du généraliste. *Save our souls*, « Sauvez nos âmes », disent les naufragés, en comptant bien qu'on vienne sauver aussi leurs corps, et la multiplication des services S.O.S. médecins comme la diversité de leurs interventions témoignent aujourd'hui de tout ce que l'on pouvait naguère demander aux « médecins de l'âme », ces religieux aujourd'hui si rares dans nos villes.

Le salut et le salubre se rejoignent ici conformément à la tradition juive et à sa propreté méticuleuse, à ses ablutions rituelles et à sa nourriture casher, cette diététique du « convenable » qui aurait pu sauver le Bouddha puisque celui-ci est mort d'un « délice de porc » avarié. Ce souci d'une santé globale rejoint aussi les origines de la médecine grecque pour laquelle l'hygiène est, littéralement, le « bien-vivre », une valeur qui mêle étroitement le sanitaire et le salutaire dans une métaphysique des soins du corps qui, poussée à son extrême, fait des athlètes sains les dieux du stade.

En sens inverse, les évangiles voient dans la maladie une intervention d'un démon, que Jésus chasse du corps du malade par des gestes et des mots d'exorciste. Ultérieurement, les épidémies qui frappèrent l'Empire romain au IIIe siècle et provoquèrent ou accentuèrent son déclin démographique ont pu favoriser la progression du christianisme, perçu comme un antidote aux maux de l'époque. Les langues germaniques en reliant le sain (en allemand *heil*, en anglais *healthy*) au saint (en allemand *heilig*, en anglais *holy*) et à l'intégrité (en anglais, *whole*) ont conservé la trace de cette croyance dans l'utilité de la sainteté pour obtenir la santé. La perfection morale permettrait d'atteindre une intégrité physique et psychique, source de longue existence sinon de vie éternelle.

D'un point de vue collectif, la lutte contre les délabrements de la société passerait, par le dogme indivisible et la foi inentamable. Saint Paul compare ainsi l'Église à un ensemble cohérent, car la diversité des membres complète l'unité des corps (1 Corinthiens 12,12) dont aucun élément ne doit être séparé. Il y a une intégrité corporelle et doctrinale dont les ministres de l'Évangile, chacun avec son charisme, sont les gardiens.

La religion populaire, mi-païenne, mi-chrétienne, devait perpétuer ces liens entre santé et sainteté en demandant aux prêtres et aux moines, promus pharmaciens des humbles, de fournir des élixirs et des jouvences, de mettre du baume sur les plaies et de fabriquer des liqueurs, telles la chartreuse ou la bénédictine, à partir de plantes médicinales qui redonnent de la force aux corps débiles. Cette activité rejoignait l'apostolat de saint Blaise, patron des guérisseurs, qui soignait par les « simples », c'est-à-dire par les plantes et les prières[5].

Les piscines de Lourdes

Les relations entre santé et sainteté culminent avec Lourdes, l'un des trois plus grands centres de pèlerinage de la planète — avec La Mecque et Bénarès — et le plus important rassemblement de malades au monde. Les vingt mille malades et les cinq millions de pèlerins ou de visiteurs qui fréquentent, chaque année, la cité mariale témoignent du désir de guérison, corporelle ou spirituelle.

En près de cent quarante ans, soixante-cinq malades ont été officiellement déclarés guéris[6]. C'est très peu par rapport aux dizaines de milliers de dossiers examinés au Bureau des constatations médicales de Lourdes ; c'est encore moins par rapport aux deux millions de malades qui ont fréquenté la bourgade pyrénéenne et ont confié leur santé à Notre-Dame de Salut. On songe alors à ce que disait Freud à propos de la cure psychanalytique : « La guérison n'intervient que par surcroît. » Un surcroît qui se fait souvent attendre sans que les pèlerins se découragent, tant, à leurs yeux, le bienfait spirituel l'emporte sur le succès médical.

La médecine psychosomatique est trop complexe pour que l'on puisse résumer en quelques mots les relations entre le corps et l'âme[7]. Stefan Zweig, l'écrivain ami de Freud, consacra tout un ouvrage à la *Guérison par l'Esprit* (1931). Mais cet Esprit n'est sans doute pas le même que celui auquel songeait Ambroise Paré, lorsqu'il disait, à propos d'un patient : « Je le pansai, Dieu le guérit. » Chaque époque a ses propres vues sur les interactions du psychique et du physique, domaine d'étude où les risques d'anachronisme sont particulièrement grands.

Au temps du célèbre chirurgien de la Renaissance (1509-1590), « panser » et « penser » étaient deux orthographes d'un même verbe. Celui-ci (issu du latin *pendere* « être suspendu », « soupeser », « estimer », « évaluer avec attention » d'où « s'occuper avec soin ») exprimait l'idée d'avoir souci de quelque chose ou de quelqu'un. Panser un blessé ou penser un malheur, c'est se préoccuper d'autrui ou d'ailleurs, exercer son intelligence ou son habileté sur un objet d'inquiétude, comme le bon Samaritain de l'Évangile qui couvre l'accidenté de la route d'un pansement réfléchi.

Hélas, le résultat n'est jamais garanti. La pensée humaine ne parvient pas à soulager certains maux du corps. On sourit de l'ignorance scientifique des évangiles à propos des maladies infectieuses de l'époque, telle la lèpre. Mais au temps du sida et de la vache folle, on ne maîtrise pas plus les rétrovirus ou les prions et guère mieux les cellules « immortelles » qui « donnent » le cancer. Au siècle prochain, nos actuelles réflexions médicales apparaîtront peut-être comme non scientifiques. Si certains attendent avec plus ou moins de conviction les « traitements miracles », chacun peut croire en la valeur du dialogue thérapeutique et rappeler au malade, que nous sommes ou serons, l'importance de la parole sinon d'espoir, du moins de sagesse. En ce sens, Jésus semble adresser à l'être souffrant ces mots d'Yves Bonnefoy : « Et s'il reste recru d'angoisse et de fatigue qu'on redise pour lui les mots de guérison[8]. »

Les fleuves de l'Inde

Tout autant que l'Israël de Jésus, l'Inde du Bouddha était marquée par toutes sortes de purifications rituelles constituant autant de prescriptions hygiéniques. Les multiples bains précédant ou suivant tel ou tel acte de la vie quotidienne permettaient de se laver l'âme et le corps. Le religieux ne se distinguait guère du médical dans ces usages de propreté encore fort vivaces de nos jours, comme les montrent les bains dans le Gange des pèlerins de Bénarès : on fait sa lessive dans le fleuve sacré, on se frotte au savon dans les eaux lustrales, on nettoie ses plaies parmi les cendres des morts. Tout ira reposer dans la mer avant que les nuages ne reversent les eaux usées dans les pluies de moussons et le cycle des renaissances[9].

Les observances traditionnelles sont d'une grande diversité selon les castes et les sectes : certains mangent de la viande et d'autres non, jeûnent à certaines périodes, se purifient en se mettant sur la tête une jarre trouée remplie d'eau ou en faisant ses ablutions dans de l'urine de vache. Il n'y a pas, comme dans l'Israël du temps de Jésus, d'obligations rituelles communes à tout le peuple et formant un véritable code de la santé publique.

Dans cette relation complexe entre santé et religion, on peut cependant observer deux préoccupations majeures de la pensée indienne : l'hygiène du corps et la régulation de la fonction sexuelle[10]. Pour « traverser sans dommage l'océan des malheurs de l'existence », les fidèles prennent des bains au milieu des fleurs de lotus ou se lavent dans les bassins des sanctuaires, du moins si les pluies de mousson se sont montrées suffisamment généreuses. Nos publicités pour cosmétiques — dont les noms ont souvent une connotation indienne — s'inspirent de cette ambiance relaxante, parfois discrètement érotique, toujours riche de signification métaphysique, le nettoyage de l'épiderme équivalant à une mise à nu de la personne et à une remise à neuf de son âme.

La sexualité rituelle est un subtil mélange de retenue et de défoulement : la religion indienne contrôle ce qu'elle ne peut réprimer. Des festivals comme la fête de l'Amour ou fête du Printemps ont servi à libérer le trop-plein d'énergies, un peu comme le carnaval du Mardi gras ou la Mi-Carême des pays chrétiens. Le shivaïsme et, plus tard, le tantrisme ont encadré et ritualisé des pratiques sexuelles (parfois de groupe) auxquelles la supervision des religieux procure un minimum d'ordre et de limites. Les danseuses sacrées et les cultes orgiaques provoquaient, semble-t-il, moins de maladies sexuellement transmissibles que les amours libres de nos sociétés laïcisées. Les observateurs occidentaux n'ont pas toujours compris le sens et les limites de cet érotisme sacré, qu'ils ont soit pudiquement camouflé soit naïvement exalté.

L'initiation sexuelle et sectaire joue sur l'ambivalence de la connaissance, au sens biblique du terme. Comme l'affirme un rituel tantrique, « la joie qui naît du vin, de la viande, de la femme est salut pour qui sait, péché mortel pour le non-initié ». Il est juste de préciser que l'initiateur se réserve souvent le meilleur de ces joies et que, par exemple, en certaines régions reculées, les femmes ne doivent pas résister au religieux qui leur propose de si plaisants secrets. Les fondateurs de nos sectes occidentales modernes sauront s'en souvenir, eux qui plagient les religions indiennes et en retiennent surtout l'emprise des gourous sur les âmes et sur les corps.

La médecine du milieu

L'un des premiers effets de la réforme du Bouddha est de simplifier et d'unifier les mesures d'hygiène : désormais, tous les moines doivent s'inspirer des mêmes principes, qui relèvent essentiellement de la médecine préventive : par leurs règles de vie harmonieuses, les monastères deviennent des modèles de vie équilibrée. À égale distance des exploits des ascètes et des excès des jouisseurs, la « Voie du milieu » évoque le sens premier du mot « médecine » (issu du latin *medeor*, « donner ses soins », lui-même issu de la racine indo-européenne *med*, « mesurer », « peser », « méditer ») [11] :

une juste mesure dans l'évaluation du mal et le choix du traitement, une proportion entre maux et remèdes, un dosage du médicament qui, avec une mauvaise posologie, passerait vite de la potion au poison.

Une médecine modérée, faite de soins bien tempérés, tel est l'idéal du Bouddha et de son traitement anti-douleur. Puisque le mal est multiple (« Tout est douleur »), son remède évoque un antalgique à large spectre visant toutes les formes de souffrance, du chagrin d'amour aux angoisses existentielles, des troubles de la sénescence aux douleurs obstétricales. Dans ce dernier cas, la potion est parfois amère puisque le Bienheureux prêche à ses moines l'abstinence, qui est la plus sûre des contraceptions et le meilleur moyen de prévenir les affres de l'accouchement. Pris à la lettre, les enseignements du Bouddha ont un effet malthusien, parfois bienvenu aux yeux de populations subissant, depuis l'Antiquité, une forte densité démographique. Et, si l'enfant naît quand même, on peut espérer que le monastère le prendra comme novice, délivrant ainsi la famille pauvre du poids de son entretien.

Si le Bienheureux ne croit guère à la valeur rédemptrice de la souffrance et s'il est étranger au dolorisme chrétien comme au culte des martyrs, peut-on considérer sa doctrine comme une anesthésie de la vitalité, une mise en sommeil des passions ? Oui en un sens, car le bouddhisme, surtout celui du Petit Véhicule, accorde une grande place aux prières qui favorisent l'apaisement de l'âme au risque de privilégier l'inaction. Non en un autre sens, car le bouddhisme évite le piège des remèdes purement symptomatiques et s'attaque aux causes mêmes de la souffrance, aux racines de nos nerfs en boule. Tous les procédés de méditation ou de concentration apparentés à l'enseignement du prince Gautama ont pour but, au moins en théorie, de calmer des angoisses pour libérer des énergies. En cela, le Bouddha et ses disciples se veulent autant réanimateurs qu'anesthésistes.

Leur méthode est plus psychologique qu'organique. À la différence de la médecine taoïste férue d'anatomie, qui repère les trajets nerveux et plante des aiguilles pour court-circuiter les influx, la sagesse bouddhique met à nu les sentiments négatifs, ces colères, ces envies, ces pulsions qui gâchent notre existence et perturbent notre santé. Elle est pourtant fort différente de la psychanalyse et de ses effets d'anamnèse. Le Bouddha n'est pas l'archéologue des souvenirs enfouis, mais l'endormeur des vains désirs. Son œuvre est-elle le contraire de celle de Freud ? La distance géographique et historique entre les deux hommes est telle qu'une réponse simple n'aurait pas de sens.

On peut seulement affirmer que le dialogue posthume entre les deux hommes est à peine amorcé et qu'il se heurte à de multiples difficultés liées à des différences conceptuelles et lexicales. Freud et son Œdipe sont des fils de la Grèce, le Bouddha et son Dharma ont été enfantés par l'Inde. Une fois de plus, le débat doit s'engager entre l'Inde et la Grèce par-delà la frontière symbolique, la fracture mystique du puissant fleuve Indus, qui, du Tibet à la mer d'Oman, semble couper en deux notre planète et ses philosophies.

Le Grand Remède

Le Bouddha accordait une grande importance à la santé de ses moines et n'admettait pas dans le Sangha des novices atteints d'infirmités ou de maladies. Cette discrimination peut être due à une crainte de la contagion, notion fort extensive en une époque où l'on ne connaissait guère les mécanismes des maladies infectieuses. Le Bienheureux se souciait aussi du bien-être de ses contemporains et, malgré l'échec des guérisseurs patentés, il réussit, disent les Écritures, à arrêter une épidémie dans la cité de Vaishâlî, suscitant ainsi la jalousie des brahmanes.

Dans les textes canoniques les plus anciens, les guérisons sont relativement peu nombreuses. À la différence de Jésus, pleurant la mort de son ami Lazare et le ressuscitant (Jean 11,1), le Bouddha ne répond pas au souhait d'une mère qui vient de perdre son enfant : il lui demande plutôt de rapporter une graine de sésame provenant d'une maison où personne ne mourut jamais. Et la voilà qui revient bredouille dans le parc du prince Jeta où se repose le Bienheureux. Celui-ci enseigne ainsi le terme inéluctable de la vie humaine — nous dirions aujourd'hui la vanité de l'acharnement thérapeutique —, la folie de l'immortalité que vient démentir la mort en ce jardin.

Des textes tardifs, notamment le Lalitâvistara (compilation en prose et en vers du Mahâyâna), sont plus généreux en miracles. Ainsi, l'enfant Bouddha serait venu au monde en tenant dans la main un morceau de bois de santal aux nombreuses vertus thérapeutiques. On aurait donc appelé le petit prince « Grand Remède ». De même, la naissance du Bienheureux aurait fait cesser le mal moral et physique : « Toutes les mauvaises actions cessèrent. Les maladies des malades furent guéries : la faim et la soif des affamés et des assoiffés furent apaisées ; l'ivresse des gens ivres de boissons fortes fut dissipée ; les insensés retrouvèrent la raison, les aveugles la vue et les sourds l'ouïe. » On croirait entendre les évangiles : « Les aveugles voient, les boiteux marchent, les lépreux sont guéris, les sourds entendent... »

Le corps glorieux

Une complexion surnaturelle semble émaner des représentations artistiques du Bouddha ayant atteint l'Illumination. Celui-ci est figuré tel un surhomme, reconnaissable à trente-deux signes distinctifs dont le plus remarquable est la protubérance crânienne. Le Bienheureux est ainsi dépeint avec « un visage d'une beauté parfaite » et revêtu d'un « corps glorieux » évoquant celui que les évangiles prêtent à Jésus entre sa Résurrection et son Ascension et qu'ils promettent au croyant le jour du Jugement dernier : une transfiguration de la chair qui se situe désormais au-delà des contingences physiques sans pour autant se transformer en pur esprit. Grâce à cette mutation, christianisme et bouddhisme donnent à leur premier Maître l'éternité d'un corps sans âge.

Cette transfiguration est une victoire contre les dures réalités de l'existence : Jésus a vaincu la mort comme le Bouddha a vaincu la douleur. Cette dernière victoire n'est pas sans danger, car la douleur est signal autant que souffrance : échapper aux réactions des nerfs, c'est être victime d'une panne des sens, d'un défaut d'alarme devant les périls de l'existence. Une telle anesthésie ne peut convenir qu'à l'opéré sur la table, protégé de tous les chocs et dangers, brûlures et gelures. Les statues du Bouddha couché, dans la position latérale du parinirvâna, évoquent précisément une absence d'angoisse et de péril rappelant le visage reposé d'un homme en cours d'endormissement.

Les images du Bouddha assis font plutôt penser à une hypnose ou à toute technique médicale permettant un contrôle ciblé de l'attention sans perte de conscience. De telles méthodes, en supprimant ou réduisant les sensations douloureuses, notamment celles de l'accouchement, rejoignent d'ailleurs le premier objectif du Bouddha : mettre un terme aux souffrances de la naissance, qui préfigurent celles de l'existence.

Les autres cessations, celles de la misère, de la vieillesse et de la mort, semblent des objectifs plus lointains, mais les débats actuels sur l'euthanasie, cette « bonne mort », montrent la permanence du souci à l'égard de la déchéance physique et psychique. Les réflexions sur le terme de la vie, le choix de son moment et l'accompagnement de la dernière maladie rejoignent aussi les préoccupations du bouddhisme sur la maîtrise de la vie et le contrôle de la douleur. Car si l'interdiction de tuer est au cœur de l'enseignement du Bouddha, elle n'est pas séparable du refus de faire souffrir.

Sur un mode plus actif, la spiritualité bouddhique s'intéresse aussi à la santé : en Chine ou au Tibet, on vénère encore les bouddhas de la médecine. Le plus connu est Bhaishajya guru, « médecin suprême », « docteur des âmes et du corps ». Sa main droite tient un rameau de mirobolant, le fruit qui soigne un peu tout, comme notre aspirine. Sa main gauche tient un bol rempli d'ambroisie, le breuvage de l'éternelle jouvence dont les effets supposés évoquent ceux de la mélatonine, l'actuelle pilule anti-vieillissement extraite de la glande pinéale que les sages hindous nommaient « la porte du repos et de l'harmonie parfaite ». À défaut de venir à bout du mal, les bouddhas de la médecine sont censés apporter un réconfort moral au malade et correspondent assez bien à cette vieille maxime des médecins français : « Guérir parfois, soulager souvent, consoler toujours. »

Yoga et zen

Les maîtres du bouddhisme ont abordé tous les domaines de la santé physique et psychique, indissolublement liées dans la conception indienne de l'unité du corps et de l'esprit. L'Occident connaît ce « lien » à travers le yoga, un mot dont le singulier est trompeur, tant sont nombreuses les techniques visant à discipliner le corps, à concentrer l'esprit ou à sublimer le sexe. Leur seul point commun est de relever d'une approche psychosomatique et d'une vision spirituelle du bien-être et du mieux-vivre.

Le yoga couramment pratiqué en Occident est le *hatha-yoga* ou « yoga de la violence », un nom peu compatible avec son image de sérénité, mais qui exprime bien sa grande difficulté physique. Cette méthode vise à procurer l'éveil de la Kundalinî, le serpent de Shiva, source de toutes les énergies sexuelles et spirituelles, situées à la base de la colonne vertébrale, dans la zone du honteux et du sacré. En tant que sublimation de l'énergie érotique, le hatha-yoga constitue aussi un entraînement à la chasteté, et il n'est pas étonnant de le voir pratiqué par de nombreuses religieuses catholiques.

Le hatha-yoga, qui n'a guère été codifié qu'au XVIe siècle, est évidemment étranger au Bouddha historique comme d'ailleurs toutes les formes du yoga actuellement connues et dont les premières dans le temps sont probablement contemporaines de l'ère chrétienne. Le traité réputé le plus ancien, le *Yogasûtra*, attribué au philosophe hindou Patanjali, est postérieur de trois siècles à la vie du Bouddha. Mais il est aussi possible que celui-ci ait connu des formes de yoga dont l'enseignement ne nous est pas parvenu. Si le yoga n'est pas spécifiquement bouddhiste, les pratiques du tantrisme tibétain — très influencées par l'Inde — sont appelées « yoga » et ses saints sont des yogi.

Les mêmes remarques valent pour le zen qui, dans son développement historique, est une école du Grand Véhicule (Mahâyâna) née en Inde, puis importée en Chine et au Japon. Mais le zen est littéralement une « concentration » (en sanskrit, *dhyâna*) de l'esprit, méthode commune à l'hindouisme et au bouddhisme et, à la limite, partagée avec d'autres religions. En tant que recherche d'un « indicible » *(fukasetsu)*, le zen relève d'une expérience mystique, d'une « perfection originelle » — les fameux jardins zen sont à l'image de cette perfection dépouillée — qui transcende les messages des diverses religions et les enseignements de leurs Écritures. Ces dernières ne sont, selon le zen, pas nécessaires pour atteindre l'Illumination, contrairement à ce qu'affirment les autres écoles bouddhiques, notamment le Petit Véhicule (Hînayâna), très axé sur la lecture des enseignements du Bouddha.

Le zen et le yoga ont suscité un vif intérêt dans les monastères chrétiens. Leur idéal de perfection individuelle et de méditation personnelle est commun au christianisme et au bouddhisme. En effet, ces deux religions ont substitué le modèle du saint à celui du héros, caractéristique des épopées grecques et indiennes. Les guerriers de l'*Iliade* et de l'*Odyssée*, du *Mahâbhârata* et du *Râmâyana* font place aux ermites et aux moines, pour lesquels le zen serait une voie d'accès privilégiée à la sérénité et à la simplicité : les contemplatifs remplacent les hommes d'action, dont la belle santé ne vaut pas la paix intérieure du corps immobile.

CONCLUSION

Portée et limites du syncrétisme

Jésus et Bouddha ont-ils un avenir ? Dans les pays de tradition chrétienne, on observe, presque partout, une triple baisse de la natalité, des vocations et de la pratique religieuse : moins de familles nombreuses, de prêtres ou de pasteurs et moins de fidèles à la messe ou au culte. En Occident, c'est au Québec que les églises ont été le plus désertées : en trente-cinq ans, l'assistance à la messe dominicale a été divisée par six, les séminaires se sont vidés et la natalité, naguère la plus forte du monde, est en chute libre.

Le plus faible taux de natalité mondial s'observe aujourd'hui à Hongkong avec 1,2 enfant par femme. Les pagodes s'y font rares et les moines bouddhistes aussi, tout comme à Singapour ou dans les nouvelles mégalopoles d'Asie de l'Est. Les parents ne donnent plus leur fils unique au Sangha, et la course à l'argent remplace la quête du nirvâna. La ferveur bouddhiste se maintient plus facilement dans les pays les moins avancés sur la voie du développement : en Birmanie, pays le plus pauvre d'Asie — le produit intérieur brut y est deux fois plus faible qu'au Bangladesh —, les monastères sont pleins, toute la population est pratiquante et les dômes des pagodes ont reçu autant de métal précieux — entièrement importé — que n'en compte le stock d'or de la Banque de France.

Entre ces deux extrêmes, il y a bien des situations intermédiaires, mais la rapidité des mutations matérielles et spirituelles est frappante en Asie de l'Est : ces pays ont accompli en vingt ans la même révolution industrielle et post-industrielle que l'Europe en deux siècles. Dans les villes, les micros du karaoké remplacent la psalmodie des moines. Mais, dans les villages, le bouddhisme résiste mieux, et les rues s'animent au son du gong des moines mendiants.

La révolution politique a eu des effets encore plus profonds. En Europe, de la prise de la Bastille à celle du Palais d'hiver de Saint-Pétersbourg en passant par la Commune de Paris et la prise de Rome par Garibaldi, toutes les révoltes populaires ont affaibli les Églises, y compris celle des ouvriers de Solidarnosc qui communiaient pendant les grèves : au temps de l'occupation soviétique, les Polonais courbaient l'échine devant les Russes et ployaient le genou devant l'autel, alors qu'aujourd'hui ils refusent toute forme de tutelle, fût-elle religieuse.

En Asie, de la chute du dernier empereur de Pékin à la Longue Marche de Mao, et de la révolte de Hanoi à la victoire du Viet-Minh, le taoïsme a reculé, et le bouddhisme a souffert. En Chine et au Viêt-nam, malgré les déclarations apaisantes du début, les régimes communistes ont cherché à réduire l'influence des moines. Le paradis sur terre concurrence le nirvâna comme les lendemains qui chantent l'extinction du désir.

Contre l'occupation étrangère ou l'oppression sociale, un peuple peut opter pour la révolte de Barabbas et de Spartacus ou pour la prière de Jésus et du Bouddha. Entre satisfaire les revendications et reporter ses espérances, il faut bien choisir, et les choix révolutionnaires du XXe siècle n'étaient pas ceux du sacrifice chrétien ou du renoncement bouddhiste.

Le reflux de la vague marxiste n'a pas, pour autant, rétabli la religion dans son état antérieur : la révolution, comme le cycle des existences, n'est pas une boucle fermée, mais un mouvement en spirale. Si l'on observe, en Russie comme en Chine, un retour certain du religieux, les églises et les pagodes sont loin d'avoir retrouvé leur affluence d'antan.

Quant à la révolution capitaliste, ses échecs ne remplissent pas non plus les lieux de culte d'Europe et de Russie. On voit bien revenir la misère d'autrefois, mais pas la foi des anciens jours : les mendiants sont plus souvent dans le métro qu'à la porte des églises. Si le XXIe siècle doit être religieux, conformément à la prophétie attribuée à André Malraux, il ne le sera pas sur un mode traditionnel.

Et c'est ici que Jésus et Bouddha peuvent se rencontrer. Car l'Occident chrétien s'ouvre aux spiritualités extrême-orientales. Les « conversions » d'Européens au bouddhisme sont rares — même si la pratique de la méditation d'inspiration bouddhiste est plus fréquente — mais les communautés asiatiques apportent leurs cultes et leurs fêtes, les bâtonnets d'encens et le Nouvel An chinois, les pagodes miniatures et leurs pétales de roses : China Town, c'est un peu Bouddha City. En France, ces communautés comptent plus de trois cent mille personnes, c'est-à-dire autant que les protestants dans tout le pays, si l'on ne prend pas en compte l'Alsace et la Moselle.

En sens inverse, Jésus fait une percée remarquée en Asie de l'Est. À Hanoi comme à Saigon, les églises sont pleines et il faut installer des haut-parleurs pour que les fidèles puissent écouter la messe sur le parvis. À Bombay ou à

Calcutta, ce sont les séminaires et les noviciats qui débordent : il y a autant de jésuites en activité en Inde que dans toute l'Europe. En Corée, toutes obédiences confondues, les chrétiens sont désormais aussi nombreux que les bouddhistes.

La mondialisation des échanges profite aux religions étrangères. Comme autrefois les missions empruntaient la route des épices, la foi chrétienne aborde les marchés émergents, apprivoise les « nouveaux dragons ». À la bourse des valeurs, Jésus est au plus haut dans la zone pacifique.

Le restera-t-il ? La réponse n'est pas simple, car nombre de responsables politiques chinois et indochinois s'inquiètent de la perte des « valeurs asiatiques » et de l'occidentalisation de la société. Ils en appellent à Confucius et au culte des ancêtres, qui leur semblent de meilleurs gardiens des traditions qu'une religion importée. Voilà quatre siècles le christianisme avait fait des avancées spectaculaires en Chine et au Japon avant que les empereurs des deux pays ne renvoient les missionnaires à leurs bateaux ou au bourreau : ce Royaume des cieux risquait de faire concurrence à leur théocratie. Les Églises d'aujourd'hui pourraient se heurter bientôt aux mêmes résistances dans ces pays de foules immenses et de pouvoirs occultes, où il est si difficile d'aller à contre-courant des puissances ancestrales.

La prière ou la révolte

De même, l'influence du Bouddha en Occident trouve ses limites. Autant tel ou tel élément du bouddhisme, comme la réincarnation ou la méditation, peut être considéré comme un contrepoids au matérialisme de notre civilisation ou un antidote contre les tentatons de révolte sociale, autant le bouddhisme dans son ensemble, avec sa doctrine complexe et sa morale exigeante, risque d'être perçu comme un corps étranger. En outre, maintenant que la Chine et le Japon sont les deuxième et troisième puissances mondiales devant l'Allemagne et la France, le bouddhisme est la religion des concurrents — et, peut-être, des futurs vainqueurs de la guerre économique —, attirante par sa force mystérieuse, humiliante par son succès présent. Dans la crise actuelle, Bouddha est le maître à penser des pays qui nous prennent nos marchés et nos emplois.

À plus long terme, peut-on envisager un rapprochement entre christianisme et bouddhisme ? Au Viêt-nam, la synthèse entre Occident et Extrême-Orient a été réalisée par la religion du Cao Daï[1], un mot qui signifie « Grand Palais » ou « Grand Être » et dont le symbole est un œil gauche éclairant le monde. Cinq millions de Vietnamiens adhèrent à ce culte qui vénère Confucius, Bouddha et Lao-tseu, Moïse et Jésus-Christ.

Le caodaïsme a ses animaux sacrés (le Dragon, la Licorne, la Tortue et le Phénix) et son panthéon de grands hommes, sortes de monstres sacrés des anciens colonisateurs et colonisés : Jeanne d'Arc, héroïne de la France chrétienne, Victor Hugo, héros de la France laïque, Winston Churchill, vainqueur de la Deuxième Guerre mondiale, le docteur Sun Yat-sen, fondateur de la République chinoise et... l'astronome Camille Flammarion, ce qui ne saurait étonner dans un pays friand d'astrologie. On peut sourire de cette énumération. Mais le christianisme antique s'est montré aussi éclectique, voire hétéroclite, quand il a pris pour modèle la pensée de deux païens, Platon et Aristote, dont se sont nourris saint Augustin et saint Thomas.

Le syncrétisme a, certes, ses limites. Comme le note Paul Ricœur, « l'idée de se rapprocher à la surface de la culture est une idée vaine. C'est l'autre voie qu'il faut prendre : celle de la profondeur. À la surface de la sphère, les distances sont immenses, mais, à mesure qu'on se dirige vers un centre que nul ne possède et ne domine, on se rapproche ». Rechercher l'essentiel qui rapproche et fuir le reste qui divise peut être une exigence vitale. Le syncrétisme était, à l'origine, l'« union des Crétois » *(sunkrâtismos)* contre un ennemi commun. Cet ennemi pourrait être aujourd'hui le matérialisme, l'agnosticisme, le marxisme renaissant ou le terrorisme du désespoir. Face aux facilités du confort des uns et aux tentations de révolte des autres, la prière universelle serait l'outil mystique d'une économie planétaire. Et le syncrétisme rendrait complémentaires des religions rivales. Tout comme chaque homme honore ses deux lignées, paternelle et maternelle, le monde rendrait hommage à ses deux traditions, d'Orient et d'Occident.

Nous n'en sommes pas encore là, et il faudra sûrement compter avec les réactions identitaires. Quand on vient de célébrer avec fastes le quinzième centenaire de saint Benoît, patron de l'Europe, puis celui du baptême de Clovis « fondateur » de la France, le Bouddha du Népal souffre de n'être ni français ni européen.

Espérons seulement que les mutations de la foi et les brassages de croyances ne provoqueront pas de nouvelles guerres des religions. Puisse celui qui croit au ciel ou n'y croit pas, celui qui attend le paradis ou se prépare au nirvâna, bâtir son espérance parmi « la foule immense où l'homme est un ami[2] ».

Notes

Avant-propos

1. Actes 11, 26.
2. Du moins en est-il ainsi pour les bouddhismes chinois, japonais et tibétain.

1. Les sources

1. Voir E. Sénart, *La Légende du Bouddha*, Paris, E. Leroux, 1882.
2. Voir C.F. Volney, *Les Ruines ou Méditations sur les révolutions des empires*, Paris, 1791.
3. Sur ce sujet, voir A. Foucher, *La Vie du Bouddha d'après les textes et les monuments de l'Inde*, Paris, J. Maisonneuve, 1993.
4. Voir Daniel-Rops, *Jésus en son temps*, Paris, Fayard, 1944.
5. Voir Flavius Josèphe, *La Guerre des Juifs et les Antiquités hébraïques* ; Tacite, *Annales* ; Suétone, *Vies des douze Césars.*
6. Voir L. Frédéric, *Bouddha en son temps*, Paris, Éd. du Félin, 1994. L'auteur présente (p. 10) un bon résumé du problème des dates du Bouddha.
7. A. Leroi-Gourhan, *Histoire universelle*, t. I, p. 3, Encyclopédie de la Pléiade.
8. Il s'agit d'un extrait du chapitre 18 de l'évangile de Jean, conservé à la John Ryland's Library de Manchester.

2. La terre

1. Paris, Payot, 1936.
2. E. Renan, *Judaïsme et christianisme*, p. 40. Paris, Copernic, 1977.
3. W. Keller, *La Bible arrachée aux sables*, Paris, Amiot-Dumont, 1956.
4. R. Kipling, *The Ballad of East and West*, 1889.

3. Le Ciel

1. Ch. Péguy, *Présentation de la Beauce à Notre-Dame-de-Chartres.*

4. Les bêtes

1. Voir P. Beauchamp, *Création et séparation*, Paris, Desclée de Brouwer, 1969.
2. Sur ce sujet, voir L. Ferry et Cl. Germé, *Des animaux et des hommes*, Paris, L.G.F, 1994 et L. Ferry, *Le Nouvel Ordre écologique*, Paris, L.G.F, 1994. Voir aussi, « Animalité », *Champ psychosomatique*, décembre 1995.
3. Un bon exemple, situé dans les Hautes-Alpes, au début de ce siècle, est cité dans E. Carle, *Une soupe aux herbes sauvages*, Paris, Ramsay, 1975.
4. Lamartine, *Milly.*
5. Lamartine, *Harmonies poétiques et religieuses.*
6. Voir à ce sujet A. Cuny, *Le Nombre duel en grec*, Paris, 1906 ; voir aussi J. Vendryes, *Traité de grammaire comparée des langues classiques*, Paris, H. Champion, 1979, et S. Moscati, *An Introduction to the Comparative Grammar of the Semitic Languages*, Wiesbaden, O. Harrasowitz, 1990.

5. Les peuples

1. Sur l'histoire et la réalité complexes du régime des castes, voir R. Deliège, *Le Système des castes*, Paris, P.U.F., 1993.
2. L'attitude de l'Église primitive à l'égard de l'esclavage a été assez diverse et a beaucoup tenu compte des évolutions de la société civile. Sur cette question, voir M.I. Finley, *Esclavage antique et idéologie moderne*, Paris, Minuit, 1979 ; J. Schimidt, *Vie des esclaves dans la*

Rome antique, Paris, Albin Michel, 1973 ; H. Wallon, *Histoire de l'esclavage dans l'Antiquité*, Paris, « Bouquins », Laffont, 1988.

6. Les voies

1. Voir, à ce sujet, *Sérinde, Terre de Bouddha*, catalogue de l'exposition du Grand Palais, Paris, Réunion des musées nationaux, 1995.
2. Voir, à ce sujet, J.N. Robert, *De Rome à la Chine, Sur les routes de la soie au temps des Césars*, Paris, Les Belles-Lettres, 1993.
3. Sur cette enquête, voir la revue *Qui-vive international*, n° 5.
4. En fait, une écriture purement consonantique serait à peu près illisible. L'hébreu a donc progressivement transformé des consonnes faibles (peu prononcées) en semi-voyelles. Même ainsi amélioré, le système laisse place à des ambiguïtés, surtout pour les personnes peu familiarisées avec ce système de notation. A partir du VIIe siècle ap. J.-C., les copistes ont donc ajouté aux manuscrits bibliques des points et des traits remplaçant exactement les voyelles.
5. Voir Matthieu, 26,26, Luc, 22,19, 1 Corinthiens, 11,24 ; en grec, *touto estin to sôma mou* ; en latin, *hoc est corpus meus.*

7. La loi

1. Tablette A, 8. Voir *Les Lois assyriennes*, Paris, Cerf, 1969.
2. Tablette A, 40, *op. cit.*
3. Voir aussi Nombres 15, 16
4. La moitié des articles de la loi de 1901 et de son décret d'application concernent les congrégations, désormais sévèrement réglementées. À l'inverse, les associations laïques sont créées et fonctionnent dans une totale liberté voulue par le législateur pour faire contraste avec l'« aliénation » des vœux monastiques et le pouvoir discrétionnaire de l'évêque.
5. Actes 1,11 : « Ce Jésus qui vous a été enlevé pour le ciel viendra de la même manière que vous l'avez vu s'en aller vers le ciel. »
6. Sur l'hétérodoxie comme pensée gauche, voir O. Vallet, « La gauche est-elle sinistre ? », *Mots*, n° 22.
7. Telle est, du moins, la théorie juridique. En pratique de nouvelles lois viennent sans cesse abroger les précédentes. Beaucoup d'États américains ont pris conscience de cet état de fait, et les parlementaires y votent des « lois temporaires » valables dix ans et cessant d'avoir des

effets sauf prorogation explicite. À une échelle de temps beaucoup plus modeste, on n'est pas loin des Dharma.

8. La représentation la plus célèbre de ce disque se trouve au temple du Soleil de Konarak.

9. On ne recense ici que les conciles dits œcuméniques, rassemblant, en principe, les évêques du monde entier (en pratique, ce fut rarement le cas, en raison, notamment, des difficultés de communication) même si, depuis le schisme Orient-Occident et la Réforme, ils se limitent aux évêques de l'Église catholique romaine. On ne tient donc pas compte des nombreux conciles locaux, qui eurent une certaine importance dans le domaine dogmatique, tels les conciles d'Arles : l'un d'entre eux, tenu en 314, un an avant Nicée, condamna le donatisme, une doctrine qui glorifiait le martyre et interdisait l'accès de l'Église aux fidèles ayant faibli durant les persécutions.

10. Le 6 avril 1870, le Conseil des ministres français, soutenu par la plupart des gouvernements européens, convia le concile à respecter « les droits et les libertés de la société civile », c'est-à-dire à refuser l'Infaillibilité pontificale. Mais un changement de gouvernement (le comte Daru étant remplacé par Émile Ollivier) modifia la position française, tandis que Bismarck, à la veille d'une guerre avec la France, ne voulait pas s'aliéner les catholiques allemands en s'attaquant au pape : il attendra la fin de cette guerre pour déclencher le Kulturkampf. On trouvera un exposé du problème dans O. Vallet, *Culture générale*, 5e éd., chap. VI, Paris, Masson, 1995.

11. Sur cette question, voir M. de Diéguez, *Et l'homme créa son Dieu*, Paris, Fayard, 1984.

8. La mort

1. Sur ce passage de la création à la fécondation, voir M. Eliade, *Traité d'histoire des religions*, 23 et 27, Paris, Payot, 1949.

2. *Rivâyat Pehlevie*, XXXVI, § 5-13.

3. Nietzsche, *Ainsi parlait Zarathoustra*, « De la mort libre ».

4. On trouvera la liste dans *The Sumerian King List*, J.B. Pritchard, *Ancient Near Eastern Texts Relating to the Old Testament*, Princeton University Press, 1969.

5. *Le Pharisien libéré* est le titre humoristique du journal des étudiants de la Faculté protestante de théologie de Paris.

6. Sur la mort dans les civilisations mésopotamiennes, voir « La

Mythologie de la mort » J. Bottéro, *Mésopotamie, l'Écriture, la Raison et les Dieux*, Paris, Gallimard, 1987.

7. Les considérations suivantes sur le temps et les religions se réfèrent à un exposé de l'auteur devant le groupe Kronos. Les travaux de ce groupe ont, en outre, fait l'objet d'une publication : *Le Temps et sa flèche*, sous la direction d'E. Klein, Paris, Champs-Flammarion, 1995.

8. Voir Matthieu 5,18. Dans l'écriture hébraïque, le iota est un yod.

9. Voir E. Benveniste, « Tempus », *Mélanges Ernout*, p. 11.

10. Voir à ce sujet G. Widengren, A. Hultgard, M. Philonenko, *Apocalyptique iranienne et dualisme qoumrânien*, Paris, A. Maisonneuve, 1995. On trouvera dans cet ouvrage une étude synoptique du temps dans les traditions iranienne et indienne.

11. Les textes hindous fixent le début de notre ère au 18 février de l'an 3012 av. J.-C. Mais il s'agit d'une date mythique.

12. S. Freud, *Malaise dans la civilisation*, chap. III.

13. Voir Exode 20,5 et 34,7 ; Nombres 14,18 ; Lévitique 26,39, etc. Ce châtiment héréditaire est d'ailleurs collectif et peut s'appliquer à tout le peuple. Il sera ultérieurement supprimé par des Prophètes miséricordieux : « Le fils ne portera pas la faute du père ni le père la faute du fils » (Ézéchiel 18,20) ; « En ce temps là, on ne dira plus : "Les pères ont mangé du raisin vert et ce sont les enfants qui en ont les dents agacées." Mais non, chacun mourra pour son propre péché » (Jérémie 31,29).

14. Sur le nirvâna comme immortalité, voir A. Bareau, « Le Nirvâna selon le bouddhisme antique dit Hînayâna », *Nirvâna*, Paris, l'Herne, 1993.

15. Grégoire de Nazianze, docteur de l'Église (vers 330-390), *Hymne*.

16. Voir à ce sujet P. Brown, *Le Culte des saints*, Paris, Cerf, 1984.

9. L'amour

1. Voir O. Vallet, Israël et la Palestine, les paradoxes de l'Histoire, *Mots*, n° 47.

2. Voir Nombres 2,32. Ces chiffres ne prétendent pas à la fiabilité des recensements modernes.

3. Sur ces diverses traductions, voir O. Vallet, *Qu'est-ce qu'une religion ?*, *op. cit.*, p. 148.

4. Pour le latin, la force *(Vis)* caractérise les hommes en groupe *(Vires)* qui font preuve de courage au combat *(Virtus)*. Mais, dans le civil, ce courage devient violence *(Violentia)*. Sur ces mots, voir, A. Ernout, *Philologica*, t. II, p. 112 et suiv.

5. Le *baal*, dans sa triple puissance d'amant, de chef et de propriétaire, est l'équivalent sémitique du *poti* indo-européen qui, par l'intermédiaire du verbe latin *possum* (« pouvoirs »), a donné les mots français « pouvoir », « puissant » et « possible ».

6. La traduction de la Bible d'André Chouraqui (Desclée de Brouwer) se réfère d'ailleurs toujours à l'action *des* Élohim.

7. Voir « La Naissance des dieux », *Les Religions du Proche-Orient*, Paris, Fayard-Denoël, 1970.

8. *Sumbolon*, du verbe *sumballein* : « jeter ensemble », « réunir ».

9. Pour les Arabes, la circoncision est, littéralement, une « purification » et constituait, à l'origine, un moyen d'éviter des infections dans une région du corps particulièrement septique.

10. Une femme « avancée dans ses jours » (Luc 1,18).

11. On songe à ce que déclamait Sarah Bernhardt, en 1915, sur la scène d'un théâtre parisien à destination des Allemands : « Que leurs temples soient détruits, leurs enfants mutilés, leurs femmes violées. »

12. Platon, *Le Banquet*, 182.

13. Sur cette question, voir A. Rousselle, *Porneia. De la maîtrise du corps à la privation sensorielle*, Paris, P.U.F., 1983.

14. Pour ces deux dernières citations, le terme choisi est ici *éphithumia*, l'un des trois mots grecs (avec *érôs* et *orexis*) exprimant l'idée de désir.

15. Sur les secours alimentaires au temps de Jésus, voir J. Jeremias, *Jérusalem au temps de Jésus*, Paris, Cerf, 1980, p. 162 et suiv. et O. Vallet, *Culture générale*, *op. cit.*, chap. VIII, « Le Paysage des pauvretés ».

16. En grec *sarx*. Le mot est souvent péjoratif, notamment chez saint Paul, qui reprenait ainsi une conception commune au judaïsme tardif et au stoïcisme de l'époque hellénistique. Voir, à ce sujet, P. Brown, *Le Renoncement à la chair. Virginité, célibat et continence dans le christianisme*, Paris, Gallimard, 1995. Le mot hébreu corres-

pondant *(bâsâr)* désignait aussi l'homme en tant qu'être faible, fragile, périssable, mais cette faiblesse de la chair n'avait pas, dans l'Ancien Testament, de connotation forcément puritaine. Voir, à ce sujet, D. Lys, *La Chair dans l'Ancien Testament*, Paris, Éditions universitaires, 1967.

17. En latin *caritas*. Voir O. Vallet, « Erôs et agapè », *Études théologiques et religieuses*, 1984, n° 1. Les sens respectifs d'érôs et d'agapè sont très controversés. La morale chrétienne a vu dans le premier un amour égoïste (« captatif ») et dans la seconde un amour désintéressé (« oblatif »). Pour une opinion contraire, voir *Erôs grec. Amour des dieux et des hommes*, Réunion des musées nationaux, Paris, 1989.

18. 343 emplois d'*adelphos* dont 129 chez saint Paul.

19. *Adelphos* vient de *delphus*, « sein ». On peut aussi soutenir que le *a* initial n'est pas copulatif, mais privatif : le frère serait alors celui qui « sépare du sein » de la mère son aîné sevré.

20. Voir des exemples d'expression de ce sentiment dans O. Vallet, « Parrainage et mécénat », *Études*, octobre 1988.

21. Marie Noël, « Berceuse de la Mère de Dieu », *Le Rosaire des joies*, Stock.

22. Formule de Philon d'Alexandrie. Voir, à ce sujet, A. Dupont-Sommer, *Les Écrits esséniens*, Paris, Payot, 1959.

23. Sur les noms de Marie dans le Nouveau Testament, voir O. Vallet, *Qu'est-ce qu'une religion ?*, *op. cit.*, p. 150 et suiv. Voir aussi O. Vallet, « Quand les mots changent de sens », *Études théologiques et religieuses*, 1987, n° 2.

24. Le nom de la marque de chaussures de sport Nike est un petit clin d'œil à Athéna-Nikè.

25. En revanche, l'émission volontaire de semence est toujours une cause d'exclusion. Sur ce sujet, voir *The Initiation of Novicehood and the Ordination of Monkhood in the Burmese Buddhist Culture*, Departement of Religions Affairs, Rangoon, 1986, p. 101.

26. Sur ce sujet, voir O. Vallet, « Le Sacré et le Honteux », *Études théologiques et religieuses*, 1988, n° 4.

27. Sur ces cultes, voir O. Vallet, *Femmes et religions*, « Découvertes », Gallimard, Paris, 1994, chap. I ; A. Getty, *La Déesse*, Paris, Seuil, 1992 ; M. Gimbutas, *The Language of the Goddess*, San Francisco, Harper and Row, 1989.

28. J. Lacan, « La Signification du phallus », *Écrits*, II, Paris, Seuil, 1966.

29. Voir le chapitre 11.

30. A. Migot, *Le Bouddha*, *op. cit.*, p. 240.

31. A. Miles, *Le Culte de Shiva, superstition, perversions et horreurs de l'hindouisme*, Paris, Payot, 1935.

32. On trouvera toute une bibliographie à ce sujet dans J. Chang, *Le Tao de l'art d'aimer*, Paris, Calmann-Lévy, 1977. Voir aussi R.H. Van Gulik, *La Vie sexuelle dans la Chine ancienne*, Paris, Gallimard, 1971.

33. S. Freud, *Malaise dans la civilisation*, chap. III.

34. Expressions tirées du *Suttapitaka Dîghanikâya*, 143.

35. *Sainte Lumière*, Paris, Desclée de Brouwer, 1976. Sur l'ensemble des thèmes traités dans ce chapitre, on pourra se référer à Ph. Camby, *L'Érotisme et le Sacré*, Paris, Albin Michel, 1989, ainsi qu'à B. Faure, *Sexualités bouddhiques*, Paris, Le Mail, 1994. Ce dernier ouvrage est fondamental.

10. L'argent

1. Voir Matthieu 9,9. La tradition assimilant l'évangéliste Matthieu au publicain Lévi remonte au début du IIe siècle, mais n'est confirmée par aucune preuve.

2. Pour la prostituée indienne, on ne peut parler de péché, car la prostitution n'était pas alors condamnée par la société ou la religion indienne.

3. *Majjhima Nikâya.*

4. *Angutarra Nikâya.*

5. *Sûtra sur la diversité des rétributions des actes adressé par le Bouddha au notable Shuka.* Des extraits de ces différents textes sont donnés en langue française dans A. Bareau, *En suivant Bouddha*, *op. cit.*

6. Le mot grec pour « aumône » *(éléèmosunè)* comporte ces divers sens.

7. *Mahâparinirvâna-sûtra.*

8. *Vinayapitaka des Dharmaguptaka.*

9. *Ibid.*

10. E. Renan, *Souvenirs d'enfance*, VI, IV, p. 25.

11. A. Gide, *Les Faux Monnayeurs*, II, VII, p. 281.

12. Le souci de l'hygiène était constant dans le discours du prési-

dent Mao et rejoignait l'idéal du taoïsme. Plus généralement, la médecine a joué un grand rôle dans la République chinoise dont le fondateur, le docteur Sun Yat-sen (1866-1925), était chirurgien.

13. Cette économie du don n'est pourtant pas une innovation chrétienne ou bouddhique. Elle existait déjà dans la civilisation védique comme dans la société romaine. Dans cette dernière, les fondations charitables, notamment en faveur des orphelins, étaient fort nombreuses, et le paganisme avait ses « bonnes œuvres ». Voir à ce sujet R. Mac Mullen, *Le Déclin de Rome et la corruption du pouvoir*, Paris, Les Belles-Lettres, 1991, p. 21.

14. C'est du moins ce qui ressort du traité de l'*Arthashâstra* de Kantilya. Voir à ce sujet H.G. Franz, *L'Inde ancienne*, *op. cit.*, p. 173.

15. Paris, Plon, 1964. L'ouvrage fut initialement publié sous la forme d'un article dans l'*Archiv für Sozialwissenschaft und Sozialpolitik*.

16. Voir A. Peyrefitte, *La Société de confiance*, Paris, O. Jacob, 1995. La notion de confiance est aussi très présente dans l'œuvre wéberienne.

17. Voir « La morale économique des grandes religions », *Archives de sociologie religieuse*, 1960 ; « Confucianisme et puritanisme », *Essais de sociologie des religions*, I. Édition A. Die, Die, 1992 ; *L'Éthique économique des religions universelles*, I. « Confucianisme et Taoïsme », II. « Hindouisme et Bouddhisme », *Archiv für Sozialwissenschaft und Sozialpolitik*.

18. *Confucianisme et puritanisme*, *op. cit.*

19. *La Morale économique des grandes religions*, *op. cit.* Dans le même texte, Weber affirme : « À ses débuts, l'islam était la religion des guerriers conquérants. » Cette remarque est juste pour la poussée islamique vers le bassin méditerranéen puis vers l'Inde. Mais, au-delà du Brahmapoutre, l'islam a été véhiculé essentiellement par des commerçants, notamment en Chine et en Indonésie.

20. Il s'agit du centurion dont le fils (ou le serviteur) est guéri par Jésus (voir Luc 7,1) et de Corneille, l'un des premiers Italiens convertis au christianisme (voir Actes 10,1).

21. *Confucianisme et puritanisme*, *op. cit.*

22. Voir W. Sombart, *Les Juifs et la vie économique*, 1911. L'antisémitisme s'empara de cette thèse pour dénoncer la « ploutocratie cosmopolite » et la « banque juive ».

23. Voir E. Zola, *L'Argent* (1980).

24. Sur les racines culturelles, spirituelles et intellectuelles du capitalisme japonais, voir S. Hayashi, *Culture and Management in Japan*, University of Tokyo Press, 1990.

11. La santé

1. Les réflexions de ce paragraphe comme de nombreux éléments de ce chapitre se réfèrent à un cours professé par l'auteur en P.C.E.M. 1 (Facultés Xavier Bichat et Saint-Louis Lariboisière).

2. Voir, à ce sujet F. Dolto et G. Séverin, *L'Évangile au risque de la psychanalyse* (2 tomes), Paris, J.-P. Delarge, 1977 et 1978, et *La Foi au risque de la psychanalyse*, Paris, J.-P. Delarge, 1981.

3. Voir la guérison d'une femme infirme un jour de sabbat, Luc 13,10.

4. *Sanus*, « sain » et *salus*, « salut » (de *saluus*, « entier », « intact ») dérivent d'une racine indo-européenne : *solwos*, « entier », « intact », qui a donné le sanskrit *sarva*, « entier », « total », le grec *holos*, « entier » (cf. « hologramme », « holocauste », etc.). Les mots anglais *whole*, « entier », *holy*, « saint » et *healthy*, « sain », se rattachent tous les trois à cette racine. Il en est de même pour l'allemand *heil*, « sain » ; *heilig*, « saint » ; *heilanstalt*, « sanatorium » et *heiland*, « sauveur ». Voir à ce sujet O. Vallet, « Le sain et le saint », *Mots*, n° 26. Pour une opinion inverse, voir J. Barr, *Sémantique du langage biblique*, Paris, Cerf, 1988, chap. VI.

5. La chapelle Saint-Blaise-des-Simples de Milly-la-Forêt, décorée par Jean Cocteau, rappelle cette activité de guérisseur, née au XIIe siècle, lorsque les croisés ramenèrent la peste d'Orient.

6. Par l'évêque de leur lieu de résidence après avis favorable de deux collèges de médecins.

7. On emploie ici le mot « âme » (allemand *Seele*) au sens où l'entendait Freud et qui a souvent été rendu, en français, par le mot « psychisme ».

8. Yves Bonnefoy, *Poésies*, Gallimard. Sur la relation entre foi et guérison dans les premiers siècles du christianisme, voir A. Rousselle, *Croire et guérir. La Foi en Gaule dans l'Antiquité tardive*, Paris, Fayard, 1990.

9. À ceux qui s'étonnent de ces pratiques, on peut rappeler que des pèlerins boivent l'eau des piscines de Lourdes, souillée par les

pansements des malades. Par ailleurs, dans l'Inde antique, le Gange ignorait la pollution chimique, et les déchets organiques y étaient beaucoup moins importants qu'aujourd'hui, en raison de la plus faible densité démographique. L'épuration des eaux du Gange fait aujourd'hui l'objet d'un programme écologique gouvernemental, aux résultats mitigés.

10. Voir, à ce sujet, L. Renou et J. Filliozat, *L'Inde classique, op. cit.*, p. 596. Sur l'ensemble des pratiques sexuelles dans le shivaïsme, le vishnouïsme et le tantrisme, voir N. Douglas et P. Slinger, *Sexual Secrets, the Alchimy of Ectasy*, Rochester U.S.A., Destiny Books, 1979.

11. Voir, à ce sujet, E. Benveniste, *Le Vocabulaire des institutions indo-européennes*, t. II, chap. IV, Paris, Éd. de Minuit, 1969.

Conclusion

1. Sur la notion de caodaïsme, voir O. Vallet, « L'œil gauche du "Grand Palais" », *La Croix*, 1er juin 1996.

2. P. Éluard, *La Puissance de l'espoir*, *Œuvres complètes*, Gallimard.

Sources documentaires

De nombreux ouvrages et revues ont été mentionnés dans les notes des différents chapitres. On se contentera donc de donner ici quelques indications sur les méthodes suivies pour la rédaction de ce livre et sur les principales sources consultées.

Les données archéologiques sont irremplaçables. L'auteur s'est donc beaucoup appuyé sur ses visites dans des sites du Proche-Orient (Égypte, Jordanie, Israël, Syrie, Iran, Irak et Turquie) et de l'Extrême-Orient (Pakistan, Inde, Sri Lanka, Népal, Tibet, Birmanie, Thaïlande, Viêt-nam, Indonésie, Chine et Japon). Les comptes rendus des fouilles se trouvent dans les revues spécialisées, notamment les publications de l'École française d'Extrême-Orient, quelques revues de bonne vulgarisation *(Le Monde de la Bible, Les Dossiers d'archéologie)* ainsi que dans les catalogues et plaquettes de musées locaux. À titre d'exemple, les significations de l'art gréco-bouddhique n'apparaissent pleinement que dans des musées comme celui de Peshawar (Pakistan), tandis que les musées d'Amman et de Jérusalem fournissent des renseignements irremplaçables sur les manuscrits de la mer Morte et la Palestine du temps de Jésus.

Les sources écrites modernes concernant Jésus et le christianisme sont majoritairement en langue anglaise ou allemande. On s'est donc reporté aux différents dictionnaires d'hébreu de Gesenius, au dictionnaire théologique de Kittel, à la *Concordance de l'Ancien Testament* de Wigram, au *Vocabulaire du Nouveau Testament* de Neirynck et Van Segbroeck (Leuven University Press, 1984), à la concordance des Septante de Morrish, au Lexique grec-anglais du Nouveau Testament de Thayer et au Lexique de grec patristique de Lampe (Clarendon Press, Oxford, 1961). Quand plusieurs éditions de ces différents ouvrages existent, on s'est généralement référé à la plus récente. La Bible hébraïque utilisée est celle de la British and Foreign Bible Society, et le Nouveau Testament grec et latin celui de Nestle-Aland (United Bible Societies, Londres).

Plusieurs ouvrages en langue française ont été fréquemment utilisés. Citons notamment :

Ph. Reymond, *Dictionnaire d'hébreu et d'araméen biblique*, Paris, Cerf, Société biblique française, 1991.

X. Léon-Dufour, *Dictionnaire du Nouveau Testament*, Paris, Seuil, 1975.

B. Gillièron, *Dictionnaire biblique*, Aubonne (Suisse), Éd. du Moulin, 1985.

M. Carrez, *Les Langues de la Bible*, Paris, Centurion, 1983.

C. Guignebert, *Jésus*, Paris, « L'Évolution de l'humanité », Albin Michel, 1969.

C. Guignebert, *Le Christ*, Paris, « L'Évolution de l'humanité », Albin Michel, 1969.

A. Neguev (sous la direction de), *Dictionnaire archéologique de la Bible*, Paris, F. Hazan, 1970.

La Bible, Écrits intestamentaires, Paris, Bibl. de la Pléiade, Gallimard, 1987.

A. Di Berardino (sous la direction de), *Dictionnaire encyclopédique du christianisme ancien* (2 tomes), Paris, Cerf, 1990.

Daniel-Rops, *Histoire sainte* et *Histoire de l'Église du Christ* (12 volumes), Paris, Fayard, 1942 et suiv.

Beaucoup de renseignements précis ont été glanés dans les diverses livraisons de la revue *Études théologiques et religieuses*. D'autres renseignements bibliographiques figurent dans l'ouvrage de O. Vallet, *Qu'est-ce qu'une religion* ?, Paris, « Question de », Albin Michel, 1992.

Enfin, il a été fait une utilisation prudente de l'ouvrage du Jesus Seminar, *The Five Gospels*, New York, Macmillan, 1993. Même sans partager toutes les thèses de ce livre d'exégèse critique, il est impossible de le passer sous silence.

Les sources religieuses relatives à l'Extrême-Orient sont d'un accès particulièrement difficile. De nombreux textes ont été traduits en anglais dans la collection « Sacred Books of the East », sous la direction de F. Max Müller (Clarendon Press, Oxford). Les textes majeurs ont été partiellement traduits en français, notamment dans les collections « Connaissance de l'Orient » (Gallimard), « Points Sagesses » (Seuil), « Bibliothèque de la Sagesse » (France Loisirs) et « Spiritualités vivantes » (Albin Michel).

Les canons bouddhiques posent d'innombrables problèmes liés à leur longueur et à leur multiples répétitions. Dans cet ouvrage, on a cité tous les mot clés en sanskrit (langue permettant des comparaisons plus faciles avec le canon chinois et avec les mots des langues indo-européennes) à l'exception de *Sangha* (communauté monastique), terme pâli qui s'est imposé. Des passages ont été résumés plutôt que cités, pour éviter des lourdeurs de style ou des énumérations fastidieuses propres à ces textes conçus pour l'oral et non pour l'écrit. Pour les données liturgiques et canoniques relatives au Petit Véhicule, on s'est référé aux publications (en anglais) du Département des affaires religieuses de Rangoon (Birmanie).

Les traductions françaises sont très en retard sur leurs homologues allemandes et, surtout, britanniques. Un seul extrait du canon pâli (Suttapitaka Dîghanikâya) est disponible (Paris, Adrien Maisonneuve, 1989) en version bilingue. Mais A. Bareau a publié une remarquable anthologie des textes majeurs en version française, *En suivant Bouddha* (Paris, Ph. Lebeaud, 1985).

Pour une introduction aux religions extrême-orientales en rapport avec le bouddhisme (c'est-à-dire presque toutes), il est difficile de ne pas se référer à l'*Histoire des religions* de la Pléiade (Gallimard), ainsi qu'à l'*Histoire des croyances et des idées religieuses* de M. Eliade (Payot, t. I et II). Pour une introduction à la pensée indienne, le *Manuel des études indiennes* de L. Renou et J. Fillozat (2 tomes, Paris, Adrien Maisonneuve, 1985) demeure un excellent outil, auquel on peut joindre le *Dictionnaire sanskrit-français* de N. Stchoupak, L. Nitti et L. Renou (Paris, J. Maisonneuve, 1987) et *L'Oubli de l'Inde* de R.P. Droit (Paris, P.U.F., 1989). Pour des études plus spécialisées, on pourra se référer aux publications du musée Guimet et au catalogue de la Librairie orientaliste P. Geuthner (12, rue Vavin 75006 Paris). Le fonds de la Librairie J. Maisonneuve se trouve à la même adresse.

Pour une introduction au monde chinois (et donc au bouddhisme chinois), les ouvrages de Marcel Granet demeurent de précieuses références. Voir, notamment, *La Religion des Chinois* (Paris, Imago, 1989), *La Civilisation chinoise* et *La Pensée chinoise*, ces deux derniers ouvrages étant réédités dans la collection « L'Évolution de l'humanité » (Albin Michel).

Des nombreux renseignements sur les données locales ou nationales du bouddhisme se trouvent dans divers guides de voyage, qui sont parfois les seuls ouvrages à mentionner telle ou telle spécificité. Citons, particulièrement, les « Guides bleus » (Hachette) d'Inde, de Chine et du Japon, ainsi que le guide *Le Tibet* des Éditions Peuples du monde (Paris, 1991) et le guide *Birmanie* de Lonely Planet (Paris, 1996).

Les principaux termes du vocabulaire bouddhique se trouvent explicités dans le *Dictionnaire de la sagesse orientale* (ouvrage collectif) et le *Dictionnaire de la civilisation indienne* de L. Frédéric (« Bouquins », R. Laffont).

On rappellera, enfin quelques ouvrages de base sur le bouddhisme :

P. Harvey, *Le Bouddhisme*, Paris, Seuil, 1993.

L. Frédéric, *Bouddha en son temps*, Paris, Éd. du Félin, 1994.

E. Conze, *Le Bouddhisme*, Paris, Payot, 1995.

A. Foucher, *La Vie du Bouddha*, Paris, J. Maisonneuve, 1993.

P. Grousset, *Sur les traces du Bouddha*, Paris, Plon, 1929.

L. Frédéric, *Les Dieux du bouddhisme*, guide iconographique, Paris, Flammarion, 1992.

H. Hesse, *Siddhartha*, Paris, Livre de Poche, 1950.

H. de Lubac, *Aspects du bouddhisme*, Paris, Seuil, 1951.

H. de Lubac, *La Rencontre du bouddhisme et de l'Occident*, Paris, Aubier, 1954.

A. David-Néel, *Le Bouddhisme du Bouddha*, Paris, Presse-Pocket, 1989.

J. Boisselier, *La Sagesse du Bouddha*, Paris, « Découvertes », Gallimard, 1993.

A. Migot, *Le Bouddha*, Bruxelles, Éd. Complexe, 1990.

M. de Smedt, *Sur les pas du Bouddha*, Paris, Albin Michel, 1991.

Table

DU MÊME AUTEUR

L'École
Albin Michel, 1991

Culture générale
Masson, 1995, 5e édition

Principes du politique
Masson, 1991

Qu'est-ce qu'une religion ?
Albin Michel, 1992

Femmes et Religions
Gallimard-Découvertes, 1994

L'État et le politique
Dominos-Flammarion, 1994

Les Religions dans le monde
Dominos-Flammarion, 1995

Administration et Pouvoir
Dominos-Flammarion 1995

L'Affaire Oscar Wilde
Albin Michel, 1995

La composition de cet ouvrage
a été réalisée par Nord Compo,
l'impression et le brochage ont été effectués
sur presse CAMERON
par Bussière Camedan Imprimeries,
à Saint-Amand-Montrond (Cher),
pour le compte des Éditions Albin Michel.

Achevé d'imprimer en septembre 1996.
N° d'édition : 15726. N° d'impression : 4/769.
Dépôt légal : septembre 1996.